本书为全国教育科学"十三五"规划2018年度教育部青年课题
"徽州乡村社会尊师文化传承及其当代价值研究"
（课题批准号EAA180448）最终研究成果

城乡义务教育一体化发展研究

——要素流动与资源配置互动的视角

马兴 著

吉林大学出版社

·长春·

图书在版编目（CIP）数据

城乡义务教育一体化发展研究：要素流动与资源配置互动的视角 / 马兴著. -- 长春：吉林大学出版社，2023.3

ISBN 978-7-5768-1647-1

Ⅰ.①城… Ⅱ.①马… Ⅲ.①义务教育-城乡一体化-发展-研究-中国 Ⅳ.①G522.3

中国国家版本馆CIP数据核字(2023)第078411号

书　　名：城乡义务教育一体化发展研究——要素流动与资源配置互动的视角
CHENG-XIANG YIWU JIAOYU YITIHUA FAZHAN YANJIU
——YAOSU LIUDONG YU ZIYUAN PEIZHI HUDONG DE SHIJIAO

作　　者：马 兴
策划编辑：李承章
责任编辑：蔡玉奎
责任校对：柳 燕
装帧设计：刘 丹
出版发行：吉林大学出版社
社　　址：长春市人民大街4059号
邮政编码：130021
发行电话：0431-89580028/29/21
网　　址：http://www.jlup.com.cn
电子邮箱：jldxcbs@sina.com
印　　刷：湖南省众鑫印务有限公司
开　　本：787mm×1092mm　　1/16
印　　张：11.5
字　　数：200千字
版　　次：2023年3月　第1版
印　　次：2023年6月　第1次
书　　号：ISBN 978-7-5768-1647-1
定　　价：68.00元

前　言

城乡义务教育一体化是全面建设社会主义现代化国家和实现教育强国的重要保障，是城乡一体化和教育公平发展在教育领域中的体现，本质是为了实现人的全面发展和社会的全面进步。城乡义务教育一体化的关键是破除义务教育城乡二元结构，实现城乡义务教育要素流动和资源配置互动，以此缩小城乡义务教育发展差距，实现城乡义务教育优质特色发展，确保义务教育兼顾公平与品质。它有两个核心任务：一是缩小城乡义务教育发展差距，实现义务教育均衡发展；二是破除城乡义务教育发展二元结构，实现城乡义务教育资源共建共享，促进城乡义务教育共生。当前，国家通过"四统一全"、学校标准化建设、乡村义务教育振兴等建设性活动，基本缩小了城乡义务教育的发展差距。但随着城乡一体化的逐步深入，城乡人口要素流动引发了教育要素流动。城乡义务教育一体化出现城镇学校学位紧张、乡村学校空弱新的现象。这种现象之所以成为问题是因为义务教育资源配置未能跟上相应的人口流动。这给正处于新发展阶段的城乡义务教育资源共建共享带来了挑战。

围绕此研究思路和主要观点，本书共包括以下研究内容：

第一章，主要介绍研究问题提出的背景与研究意义，研究现状、研究目的和意义以及研究的方法，并对与论题相关的"城乡义务教育一体化""要素流动""资源配置"概念进行了界定，在此基础上提出了本书研究的主要观点和基本框架。

第二章，从理论和应然的角度探讨城乡义务教育一体化资源配置范式转变的必要性，在此基础上提出城乡义务教育一体化的分析框架——要素流动与资源配置的互动理论，本书认为要素流动与资源均衡配置的良性互动，是推进城乡义务教育一体化的路径选择。

第三章，从现实的角度考量当前我国城乡义务教育一体化发展的社会背景、政治基础、经济基础、教育基础，以此揭示，新发展阶段，要素流动与资源配置的互动成为我国城乡义务教育一体化亟待解决的问题，需要政策层面予以关注。

第四章，从政策和实践的角度对当前国家在推动城乡义务教育要素流动与资源均衡配置上所做的努力与探索进行了阐释。政策层面主要对当前我国城乡义务教育一体化的政策演进进行了阶段梳理及措施反思，研究发现尽管当前国家采取了诸多措施推进城乡义务教育要素自由流动与资源均衡配置，但资源配置的思维未能匹配高流动性教育发展的需要，资源配置体制还不能完全适应城乡义务教育一体化的发展。实践案例层面的分析主要选取当前我国城乡义务教育一体化在市域、区域、县域层面为促成城乡义务教育一体化要素流动与资源配置互动所做的探索，经过研究，本书发现依据要素流动来配置资源是城乡义务教育一体化发展的根本，充足的经费支持是保障城乡义务教育一体化发展的物质基础，体制机制创新是城乡义务教育一体化的制度保障，城乡优质教师资源均衡配置是推动城乡义务教育要素合理流动的关键要素。

第五章，在理论分析和实践经验的总结基础上，结合日本、芬兰等国外城乡义务教育一体化发展经验，对如何构建基于城乡义务教育要素流动的资源均衡配置机制提出政策建议。本书认为各级政府在推进城乡义务教育一体化要素流动与资源配置互动中应以新发展理念为遵循，优化义务教育省级统筹机制，充分发挥乡镇基层政府教育治理功能，坚持系统观念，以城乡基本公共服务一体化和乡村振兴为保障构建城乡义务教育一体化的社会支持体系，加强教师队伍建设，重视家庭教育指导服务体系构建，增强城乡义务教育"互联网+教育"的一体化治理能力。

结语在对本书要素流动与资源配置理性思考的基础上指出，一个时期以来，资源配置均衡一直是我国推动城乡义务教育一体化发展的主要手段，体现一种基于分配正义的政策选择。进入新发展阶段，社会背景由低流动转向高流动，城乡一体化发展与城乡义务教育一体化发展的失衡期待城乡义务教育一体化应考虑要素流动与资源配置的互动关系，而对这种关系的思考是基于教育生态正义的考量，要素流动与资源配置的良性互动是教育生态系统正义平衡的保障，这也有利于转变过去单纯追求分配正义基础下的重物轻人、重投入轻建设、重机会平等轻过程平等、未考虑教育与整体社会发展生态平衡问题。基于生态正义的城乡义务教育一体化，强调城乡教育发展与社会发展系统性、整体性、注重人的全面发展，实现城乡义务教育一体化高质量发展。

综上，城乡义务教育一体化，其实质是城乡要素的自由流动和资源的共享。要素流动影响资源配置，资源配置反过来影响要素流动，要素流动与资源配置的失衡是城乡义务教育一体化的主要障碍。城乡义务教育一体化发展的社会背景已经由低流动转向了高流动。尽管国家出台了一系列政策，对缩小城乡义务教育发展差距有所帮助，但在资源配置内容上却过分追求物的资源平衡而忽视了人的发展资源均衡需要，这种资源配置模式已经不适应城乡义务教育一体化的高流动发展背景，集团化、学区化、县乡共管的实践逻辑可以为要素流动与资源配置互动提供启示。各级政府在推进城乡义务教育一体化要素流动与资源配置互动时应以新发展理念为遵循，优化义务教育省级统筹机制，充分发挥乡镇基层政府教育治理功能，坚持系统观念，以城乡基本公共服务一体化和乡村振兴为保障筑牢城乡义务教育一体化发展的社会支持基础，加强教师队伍建设，重视家庭教育指导服务体系构建，增强"互联网+教育"的城乡义务教育一体化治理能力。

目　　录

第一章 导 论

一、研究背景

社会各要素特别是生活其间的人的要素的自由流动是社会文明进步的重要表征。尤其是现代社会，多元化自由而充分的要素流动可以促进社会和谐公正，给予人们实现美好生活的希望。这是人类社会发展的必然规律，也是教育的应有之义。义务教育是人的一项基本权利和生活需要，确保每个人不因民族、生活场域、家庭经济等情况限制，平等享有义务教育是保障人的自由流动的基础。

2010年，《国家中长期教育改革与发展规划纲要（2010—2020年）》（后文简称《教育规划纲要》）首次明确提出建立"城乡一体化义务教育发展机制"[①]，消除城乡义务教育发展差距，推动城乡义务教育要素流动和资源共享。2017年党的十九大再次强调要"推动城乡义务教育一体化发展，高度重视农村义务教育"[②]。城乡义务教育一体化是21世纪以来我国和谐社会建设与城乡一体化发展的必然要求，旨在破除城乡二元结构，促成城乡义务教育资源共建共享，实现城乡义务教育发展差距缩小以及城乡义务教育优质均衡发展。新发展阶段，城乡义务教育一体化仍然是促成教育现代化，实现人的全面发展和社会全面进步的首要目标和重要突破口。

[①] 国家中长期教育改革和发展规划纲要（2010—2020年）[EB/OL].（2010-07-29）[2019-05-17]. http://www.gov.cn/jrzg/2010-07/29/content_1667143.htm.

[②] 习近平在中国共产党第十九次全国代表大会上的报告[EB/OL].（2017-10-27）[2019-05-17]. http://news.cnr.cn/native/gd/20171027/t20171027_524003098.shtml.

（一）发展目标之变：基本均衡转向优质均衡

推进义务教育有质量发展一直是我国教育发展的重要战略，但由于社会政治经济发展的阶段性，在不同的社会发展阶段，义务教育发展质量的内涵有所不同。2000年以前，重在确保普及义务教育，21世纪的前20年主抓义务教育均衡发展，主要方式是借助资源配置上的均衡来缩小城乡义务教育发展的差距。2010年的《教育规划纲要》特别指出为了实现城乡义务教育一体化，要"加快缩小城乡差距，在财政拨款、学校建设以及教师资源配置等方面向农村倾斜"[①]。从这里可以看出，城乡义务教育一体化一开始所要解决的是缩小城乡义务教育发展差距的问题，解决的方式是在教育经费投入、学校硬件建设、教师等资源配置方面向农村义务教育学校倾斜。这种安排是建立在当时我国城乡人口流动相对简单，城乡生源相对稳定的基础之上的。

在此政策理念下，围绕城乡义务教育一体化发展，近年来国家出台了一系列政策措施以缩小城乡义务教育发展差距。2012年，国务院颁布《关于深入推进义务教育均衡发展的意见》，规定"每一所学校符合国家办学标准，办学经费得到保障；教育资源满足学校教育教学需要，开齐国家规定课程；教师配备更加合理，提高教师整体素质"[②]的义务教育均衡发展基本目标，2014年更是围绕如何提高乡村义务教育办学条件出台了《关于全面改善贫困地区义务教育薄弱学校基本办学条件的意见》《关于推进县（区）域内义务教育学校校长教师交流轮岗的意见》《关于统一城乡中小学教职工编制标准的通知》《国家贫困地区儿童发展规划（2014—2020年）》《关于进一步完善城乡义务教育经费保障机制的通知》等文件，启动了旨在缩小城乡义务教育办学条件差距，改善乡村义务教育办学设施的义务教育学校标准化建设工程，农村薄弱学校改善计划、中小学校校舍安全工程、义务教育学校营养餐计划，明确了城乡义务教育的经费保障机制，指出要加大对城乡义务教育发展经费方面的投入，特别是要增加贫困地区义务教育发展的投入。据统计，2012—2016年全国教育经费总

---

① 国家中长期教育改革和发展规划纲要（2010—2020年）[EB/OL].（2010-07-29）[2019-05-17].http://www. gov. cn/jrzg/2010-07/29/content_1667143. htm.

② 国务院关于深入推进义务教育均衡发展的意见[EB/OL].（2012-09-07）[2019-05-17].http://www. gov. cn/zwgk/2012-09/07/content_2218783. htm.

投入累计将近17万亿元，2016年更是达到38888亿元，是2012年的1.36倍，年均增长7.9%[①]，乡村义务教育学校办学经费有了极大保障，办学条件得到极大改善，使乡村学校成了村庄中"最美的建筑"。

但令人困惑的却是乡村生源的向城性流动越来越高，乡村学校越来越空，这虽然有城乡经济社会发展的推动，但更多的是人们认为城里的教学条件比乡村好，在城里上学考上大学或好学校的概率会更大，诸多乡民认为"城里的条件比农村的好"[②]，以至于选择陪读、租房或买房等方式进入城市学校，使得"乡村空城镇挤"。这个表现从积极的意义上来说也是城乡义务教育一体化发展的必然结果，因为正是城乡义务教育一体化发展的推动，城乡义务教育更加开放融合，才使得乡村义务教育适龄儿童能有机会走出乡村，走向城市，选择自己需要的义务教育。但另一方面也是城乡教育质量差距所致，乡村孩子为了接受更好的教育选择进城学习。在城乡义务教育一体化中，如果任由乡村学校弱空发展，势必会拉低城乡义务教育的一体化水平，进一步倒逼乡村学生和教师外流，再一次拉大城乡义务教育的差距。提高城乡义务教育一体化发展的质量，增进城乡义务教育一体化内涵发展成为城乡义务教育一体化发展的新要求。

党的十九大报告明确提出："推动城乡义务教育一体化发展，高度重视农村义务教育……努力让每个孩子都能享有公平而有质量的教育。"[③]公平而有质量的教育是现代教育公平发展的基本路向。优质而公平的义务教育是城乡一体化的义务教育，是城乡义务教育学校特色彰显的教育，是每个人都能获得个性而自由的发展的教育。2020年党的十九届五中全会更是将"建设高质量教育体系"作为教育发展第十四个五年规划的发展目标。遵循此逻辑，在确保了城乡义务教育阶段儿童入学机会均等和教育硬件资源配置均等之后，如何让儿童教育过程和教育获得公平，实现有质量的公平是当前城乡义务教育一体化的时代使命和政策旨归。城乡义务教育已经进入了追求城乡义务教育一体化高质量发展阶段。

---

① 全国教育经费总投入累计接近17万亿元 [EB/OL]．（2017-12-23）[2019-05-17]．http://www. gov. cn/ xinwen/2017-12/23/content_5249822. htm.

② 孙强，刘海宏．乡村教育调查报告："空壳"化的乡村学校 [J]．云南教育（视界），2010（3）：24-34.

③ 习近平在中国共产党第十九次全国代表大会上的报告 [EB/OL]．（2017-10-27）[2019-05-17]．http:// news.cnr.cn/native/gd/20171027/t20171027_524003098.shtml.

（二）发展背景之变：城乡二元转向城乡一体化

21世纪初，我国城乡义务教育所依存的城乡经济社会相对二元和封闭。乡村儿童较少流动到城市入学，城市教师资源也较少进入乡村任教，乡村人口较为稳定，乡村学校布局较为固定。当前一体化、流动化已成为城乡义务教育发展的主要社会背景，流动的中国给义务教育发展带来了新的要求。

尽管社会管理中城乡已然有相对的界限划分，但在高流动社会下，城乡人民的生活空间和生活内容已经发生了深度的交融与合作。美国学者丹尼尔和罗伯特（Daniel U. Levine and Robert J. Havighurst）在其著作*The Future of Big-City Schools: Desegregation Policies and Magnet Alternatives*中提到20世纪70年代，美国白人阶级和黑人阶级（劳工阶级）的教育融合问题，之所以会取得种族融合教育胜利，是因为在日常生活中，黑人（劳工阶级）、白人（中产阶级）的生活、工作和交流已经极度融合，出现了生活交叉，学校系统的边界已经不是城市的边界了[①]，当一定区域内的人群及人群活动发生变化必然引发教育活动的变化，禁止种族隔离政策才会取得成功。依此思考当前我国城乡义务教育一体化，可以发现，我国城乡人口的交往与融合已日益增进，这必然会影响城乡义务教育的发展格局。

城乡人口流动与交往的增多，给城乡义务教育一体化资源配置带来两种挑战。第一，乡村人口进入城市机会增多，城市生源日益增加，使得城市义务教育学校布局出现了不均衡、大规模和城区大班额的现象。当前我国的城镇义务教育学校基本形成了城区学校—乡镇寄宿制学校—村小、教学点的布局状态；而在乡村则形成镇中心小学、村完全小学、教学点的教育体系。其结果是，城区和镇所在地的小学不断扩张而形成大班额，乡村小学却渐渐发展成小规模学校甚至空学校。如果城乡义务教育一体化发展的政策安排仍然按照传统的以校为单位的教育资源配置方式，特别是教师资源的配置方面，就会出现乡村小规模学校教师富余，而城镇学校教师不足，负担重压力大现象，资源配置优化率低，造成资源浪费，不符合新发展理念。第二，乡村人口流入城市的机会增多，并不代表乡村的

---

① Daniel U. Levine, Robert J. Havighurst. The Future of Big-City Schools: Desegregation Policies and Magnet Alternatives [M]. California: The University of Chicago Press, 1977: 17-20.

消失，乡村中仍然有儿童存在，而且留在乡村的儿童从某种意义上来说属于弱势群体。如果撤点并校或者按照学生数来配置教育资源，无疑会进一步造成新的代际差距，与城乡义务教育均衡发展、一体化发展的初衷背道而驰。为解决这一问题，一些地方政府通过学校标准化建设、教师轮岗、送教入乡等方式推动城乡义务教育资源的共享，但是却不知道，随着城乡一体化的发展，学校标准化建设也存在着资源浪费现象，而充满着"补偿乡村心理"和城市优越感的教师轮岗和送教入乡政策，更强化了城乡二元思维，稀释了城市优质教育资源。总的来说，伴随着城乡一体化带来的教育要素流动的增强，学校规模变化、学校布局调整、城乡教师流动，都给城乡义务教育一体化资源配置带来了新的挑战。

（三）发展取向之变：从资源配置转向求人的发展公平

基于资源配置的城乡义务教育一体化发展能缩小城乡义务教育学校发展的硬件差距，改善学校的办学条件，是实现义务教育城乡均衡发展的基础，但并不能成为义务教育发展的终极目标。城乡义务教育一体化的最终目标是实现人的全面自由发展和社会的全面进步。人的发展既是基础又是最终的目标。当前教育公平的发展已经"由物的均等进入了以人为核心的评估域"①。以人为核心的教育公平就要满足人的全面发展的需要。2018年的全国教育大会上习近平强调："新时代新形势，改革开放和社会主义现代化建设、促进人的全面发展和社会全面进步对教育和学习提出了新的更高的要求。"②城乡义务教育一体化在实现了发展所需之物的资源配置公平后，应以能促进人的全面发展以及社会的全面进步为资源配置的目标，这就要从人的发展实际需要出发。

马克思认为："人们奋斗所争取的一切，都同他们的利益有关。"③人们的生活总是建立在一定的利益基础之上的，利益是人们活动的内驱力，推动着人类的各种活动。马斯洛的需要层次理论也告诉我们，生存是人类最基本的需

---

① 程天君.以人为核心评估域：新教育公平理论的基石——兼论新时期教育公平的转型[J].华东师范大学学报（教育科学版），2019，37（1）：116—123，169，170.

② 习近平在全国教育大会强调 坚持中国特色社会主义教育发展道路 培养德智体美劳全面发展的社会主义建设者和接班人[N].人民日报，2018-09-11（1）.

③ 中共中央马克思恩格斯列宁斯大林著作编译局.马克思恩格斯全集（第1卷）[M].北京：人民出版社，1956：82.

求。而利益便是人们生存最基本的需要。无论在哪一个历史时期，人们的活动都是建立在能够满足自身的某种需要和利益基础之上的。这种需要在某种程度上成为资源配置的指导原则。人的需要从发展的角度来说总是不断提质的，"20世纪80年代初期消费重点是以吃、穿等基本生存需要为主；而后，在食品占消费支出比重下降的同时，衣着支出比重也在下降，而用于人力资本投资的教育、文化、保健支出比重却在逐渐稳步地上升"[①]。需要的不断变化，影响人们为了满足需要的行为。当乡村义务教育无法满足人们对美好义务教育的需求之时，乡村的民众必然选择他们心目中认为好的教育——城市教育，带来了新的城乡义务教育一体化发展的困境。

城乡一体化不是城乡一样化，但有些内容需要城乡一样化。尤其是人的基本发展需求，义务教育是人的基本权利，也是发展的基本需要。义务教育资源的配置应能以人的发展需要为基础，确保人获得基本的发展权利。在以人的公平发展为追求的公共服务配置均等化阶段，城乡义务教育一体化政策基点也发生了变化，应以人的发展公平为资源配置基础。学者周元武2009年经过研究指出："教育是以人为主的教育，对教育资源的配置不能单单遵循市场规律，更要以人的特性和发展轨迹为基础。"[②]自由流动是人的发展的基础和需要，保障人的充分自由流动也应要有相应的资源配置。

带着对这些问题的思考以及前人的相关研究启示，本书在对城乡义务教育一体化发展进行逻辑与历史相统一的论证基础上，认为当前我国城乡义务教育发展的社会背景已经发生了变化，高流动成了人的生活与发展的基本形式，成了教育生活的日常，但流动的质量却不高，源于相对应于流动的资源配置机制还有待完善。因此，本书提出构建基于教育要素流动的资源均衡配置机制是解决这些问题的有效途径。

---

① 中国教育与人力资源问题报告课题组. 从人口大国迈向人力资源强国[M]. 北京: 高等教育出版社, 2003: 43.

② 周元武. 义务教育均衡发展的教育政策走向[J]. 湖北经济学院学报, 2009, 7 (2): 120-123.

二、研究现状

城乡义务教育一体化从一定意义上来说是基于中国教育发展需要所选择的一条极富中国特色的教育发展道路，因此，目前在城乡义务教育一体化方面的研究多以国内文献为主，但国外关于城乡关系、资源配置、一体化的相关理论可以为本书研究提供理论参考。

（一）国内研究现状

鉴于中国知网（CNKI）数据库文献资源的丰富性以及检索方式的科学性，本书以此作为国内文献检索来源。检索时以1995年1月1日—2020年12月20日为限，围绕"城乡教育""城乡教育一体化""城乡义务教育一体化"三个主题进行检索。以"城乡教育"为检索主题的研究论文，在1995年—2020年共检索出7303篇；以"城乡教育一体化"为检索主题的论文共有1580篇；以"城乡义务教育一体化"为主题检索出的论文共308篇。由于"一定时期内文献数量的增长和变化情况可以大致反映一个学科或专项研究领域的发展阶段与态势"[①]，本书借用近些年文献数量变化来考察我国城乡义务教育一体化研究的趋势。

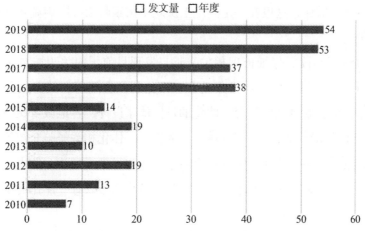

图1-1　"城乡义务教育一体化"主题论文年度发表量（2010—2019年）

[①]　陈巧云, 蒋平, 张乐天. 城乡统筹背景下义务教育均衡发展研究热点述评 [J]. 上海教育科研, 2014（5）：26-30.

从图1-1相关数据可以看到，21世纪以来，国内关于城乡义务教育一体化的研究总体上呈增加趋势。虽然1995年已有学者对"城乡教育一体化"进行了论证和设想，但由于当时国家城乡义务教育发展的重点在普及义务教育和消解重点校与非重点校差距上，且因城乡管理制度上的二元思维限制，城乡义务教育一体化并未上升为主流思想。直到21世纪初，义务教育普及后，面对普及质量不高、基础不牢、发展不均衡问题，国家开始思考义务教育均衡发展问题。再加上社会发展层面城乡统筹战略和社会统筹"五位一体"战略的推动，特别是在2003年中共十六届三中全会提出"城乡统筹发展"战略后，如何统筹城乡义务教育发展日益成为决策者关心的问题。2010年《教育规划纲要》提出建立"城乡一体化义务教育发展机制"，进一步推动了城乡义务教育一体化的理论研究，自此国内围绕此主题的研究也不断增加。尽管在2015年和2017年研究发文量有所下降，但总体趋势都呈上升状态，且上升幅度较大，2001年—2010年增加幅度为83.3%，2011—2018年增幅为90.1%。而且可以看出，在2010年国家颁布的《教育规划纲要》、2016年7月出台的《国务院关于统筹推进县域内城乡义务教育一体化改革发展的若干意见》、2017年《国家教育事业发展"十三五"规划》政策的推动下，2018年以"城乡义务教育一体化"为主题的研究明显有所增加，这也在一定程度上反映了国家政策会影响城乡义务教育一体化的研究。

通过认真阅读、仔细梳理相关文献，发现目前国内关于城乡义务教育一体化的研究主要集中于城乡义务教育一体化的概念阐释、城乡义务教育一体化的基本特征、城乡义务教育一体化的目标体系设计、各地城乡义务教育一体化的实践经验总结与反思、国外城乡义务教育一体化相关经验介绍等，内容丰富，研究成果颇多，这在一定程度上给本书研究带来了挑战，但也为本书研究提供了丰富的资料。为更好地了解当前我国城乡义务教育一体化的研究现状，下面将具体进行综述：

1.关于城乡义务教育一体化内涵的研究

对于城乡义务教育一体化的内涵，学术界有两种不同的研究视角：一是从手段论和目的论角度进行的论述，强调城乡义务教育一体化最关键的是要破除城乡二元教育结构，以实现城乡义务教育融合协同、一体化发展（褚宏启，2009；邬志辉，2010）；二是系统论角度的界定，建议应将城乡义务教育当成整一的系统，使其成为命运共同体，共同发展（曲铁华，2017）。这两种角度都深刻揭示了城乡义务教育一体化的体制障碍和本质目标。但随着社会经济和教育的发展，新发展阶段城乡义务教育一体化发展的重心已经发生了变化，有必要重新考虑城乡义务教育一体化的时代任务，因此，本书选取了几种代表性的观点，以展示不同社会发展境遇下城乡义务教育一体化的时代使命（见表1-1）。

表1-1　几种代表性的城乡教育一体化概念定义

作者	具体表述
王克勤 1995	城乡教育一体化是指在教育发展中，把城乡教育置于由城市和乡村所构成的同一个大系统之中，打破城乡二元经济结构和社会结构的束缚，把它们视为同一个整体，以系统思维方式，推动城乡教育相互支持、相互促进、协调发展，共同实施教育的现代化
褚宏启 2009	城乡教育一体化是指统筹城乡教育发展，整合城乡教育资源，打破城乡二元经济结构和社会结构的束缚，构建动态均衡、双向沟通、良性互动的教育体系和机制，促进城乡教育资源共享、优势互补、推动城乡教育相互支持、相互促进，缩小城乡之间的教育差距，有效消除地域、经济等原因导致的教育不公平，改变农村地区教育的落后状况，使均衡化的公共教育服务覆盖城乡全体居民，实现城乡教育均衡发展、协调发展、共同发展
李玲等 2012	城乡教育一体化是在教育公平的核心价值取向下打破城乡二元僵局，建设城乡教育共同体，在保持与发挥城乡教育区域性特色与优势的基础上，促进城乡教育互动联结、相互帮扶、相互作用、消解差距，逐步实现城乡教育公平、共生共荣、协调发展的动态进程
于月萍 2012	城乡教育一体化就是为了满足城乡居民对物质和精神生活的共同需求，把城市教育与农村教育作为一个整体，通过政府及其教育行政部门科学统筹谋划，通过体制改革和政策调整，切实打破城乡教育二元结构，使城乡教育互相融合，互相促进，实现城乡教育协调、均衡、可持续和共同发展
李玲等 2017	城乡义务教育一体化已经由外延式转向内涵式发展阶段，城乡义务教育一体化内涵式发展要求实现从宏观的、政府主导的、资源配置驱动的发展阶段，转换到微观的、以学校为主体的、教育价值引领的发展阶段，更加注重城乡学生核心素养和学科素养培养，以提高综合素养，为建设人力资源强国打下坚实的基础

之所以选择这几种观点为代表性观点，有以下三点理由：第一，目前所

掌握的文献资料显示王克勤是最早提出城乡教育一体化概念的，而且是在21世纪初我国完成义务教育基本普及之前就有此论述，可以看出学术研究对于实践发展的引导作用以及对于城乡义务教育一体化发展的期待和关注；第二，褚宏启、李玲关于城乡教育一体化的概念界定均出自于期刊网所认定的城乡义务教育一体化研究的经典文献，具有一定的代表性；第三，继续选取李玲2017年的观点，是为了强调新阶段，社会基本矛盾发生改变后，城乡义务教育一体化由缩小条件差距转向缩小质量差距的内涵式发展的时代要求，以凸显当前城乡义务教育一体化已经进入新阶段，需要新策略新路径。由这些观点，我们可以看出城乡义务教育一体化发展是一个渐进的、动态发展过程；在目的方法保障上有着一脉相承的地方；其根本保障在于体制机制二元转向一体化；基本方式是统筹协调城乡义务教育资源，构建城乡义务教育共生共荣协调发展样态；基本目的是促进城乡义务教育公平发展，助力教育现代化和教育强国建设。从这些概念界定可以看出城乡义务教育一体化从一开始就关注如何破解义务教育要素流动与资源配置的失格状态，致力于实现城乡义务教育要素流动的自由和资源配置的均衡。而这最核心的是体现了义务教育的普及性、基础性要求。

2. 关于城乡义务教育一体化成因的分析

关于城乡义务教育一体化的理论基础及成因分析也显现了要素流动与资源配置失格对于城乡义务教育一体化发展的阻碍。李玲等（2012）提出城乡教育一体化的理论基础为教育公平理论、系统论与控制论、共同体理论、城市发展理论与和谐社会理论。曲铁华（2017）从思维辩证的角度探讨了城乡义务教育一体化的理论基础，认为农村和城市是一对相互辩证的范畴，既相互区别又相互联系和转化，因而必须"将农村和城市作为一对范畴统一审视、统一布局和统一管理"[①]，这一观点应该可以算是理解城乡义务教育一体化的系统论视角，但更多的还是从城乡关系的角度来进行考量的。关于城乡义务教育一体化的成因研究方面，沈百福（2004）认为城乡学生在生均预算内公用经费差异是造成城乡义务教育发展有差距的主要原因。袁振国（2005）通过居民人均教育

---

① 曲铁华. 城乡义务教育一体化：理论基础与必然性［J］. 河北师范大学学报（教育科学版），2017，19（3）：18–21.

费支出与人均消费水平、人均财政支出与国家生均预算内教育经费支出等水平来测算我国城乡教育发展的差距，经过对比研究，城乡义务教育发展的差距超过城乡经济发展的差距。张玉林（2002）指出我国长期以来的分级办学体制是城乡义务教育产生差距的重要原因，也是城乡义务教育资源无法畅通共享的主要障碍。张乐天（2004）在此基础上再次指出城乡二元化的教育管理体制和社会资源分配制度是城乡义务教育一体化发展的最大痼疾，阻碍了城乡要素的自由流动和资源的共建共享。这亦凸显了构建要素流动自由与资源配置均衡的城乡义务教育一体化发展机制的重要性。

3. 关于城乡义务教育一体化评价指标的研究

一体化的城乡义务教育是什么样的，城乡义务教育一体化要达成什么样的状态，诸多学者对此构建了多种指标体系。最早可参照的教育均衡发展指标体系研究，是袁振国（2003）提出建立教育发展均衡系数；随后，翟博（2006）从宏观、中观、微观等15个内涵指标分析入手，构建教育均衡发展要素；李玲等人（2012）构建了城乡义务教育一体化指标体系和指数计算公式与方法；周江燕和白永秀构建了城乡义务教育发展一体化的35个指标参数。朱家存（2010）基于安徽省的政策实践，构建了一套省域义务教育均衡发展的监测指标和相应的测量工具。在思辨研究层面，刘海峰（2011）认为我国城乡教育一体化发展的指标设计应考虑"教育公平"和"教育质量"这两大问题，他认为城乡义务教育一体化的阶段性目标是构建城乡义务教育一体化的新体制、新机制，总体目标是促进教育公平、提高教育质量[1]；邬志辉（2012）认为城乡义务教育一体化可以分为初步的、基本的和更高水平三个阶段，更高水平的一体化还要看城乡学生义务教育完成之后再接受高中阶段教育和高等教育时能否实现平等化[2]；陈静漪等（2012）认为义务教育的城乡一体化发展需要先通过政策干预以城市反哺农村，使城乡义务教育逐渐均等化，然后才是城乡义务教育发挥各自优势和特色，相互支持，一体化协调发展[3]；冯建军（2013）则从

① 刘海峰. 我国城乡教育一体化改革的若干理论问题[J]. 教育理论与实践, 2011, 31(32): 26–28.

② 邬志辉. 当前我国城乡义务教育一体化发展的核心问题探讨[J]. 教育发展研究, 2012, 32(17): 8–13.

③ 陈静漪, 宗晓华. 从城乡分立到城乡一体化——中国农村义务教育供给机制演进路径分析[J]. 西南大学学报(社会科学版), 2012, 38(5): 75–82, 174.

教育输入、教育的过程以及教育发展的结果三个方面进行了指标构建，并指出教育输入的质量均衡不等于资源投入的均衡，教育的过程和教育发展的内部均衡才是真的均衡[①]，西南大学李玲为代表的学者从量化的角度将城乡义务教育一体化的评估指标按照投入、过程和结果三个层面设计了25个子指标，在实践中具有较强的可操作性。

4.关于城乡义务教育一体化实践案例的研究

除了关注城乡教育一体化的相关概念及政策意义以外，学者们对城乡义务教育一体化的实践探索，也进行了关注与分析。目前在实践层面的研究集中在对我国成都、重庆以及中东部地区的北京、山东、江苏、福建、湖北、安徽、长株潭等地区的城乡教育一体化实践进行了研究。这些研究内容丰富，不仅有对这些地区的探索经验介绍，也有经验反思，为本书的研究提供了很好的实践案例。本综述只介绍目前关于实践案例关注的城市，对具体研究内容不做综述。

除了关注本国的实践情况，对国外的实践探索也进行了经验介绍。郝俊杰、董珍（2009）认为，国外统筹城乡教育发展主要靠深入人心的公平公正的教育理念、充分保障的教育财政制度、扶弱助贫的教育政策、统筹城乡办学软硬件措施得力、统筹城乡教师待遇制度到位以及重视农村教学内容的实用性等方面来予以保障。王正青（2011）从宏观政策层面、中观学校层面、微观教学层面对美国、日本、韩国、瑞典、俄罗斯、印度、南非、越南、老挝、泰国等国家推进城乡教育均衡发展的措施进行了归纳总结，并以此对我国城乡教育一体化发展提出了政策建议。李朝海（2012）对美、日、韩三国在城乡教育一体化发展方面的共性特征进行了归纳总结，认为这三国在推进城乡教育一体化中倾向于对农村教育进行政策倾斜。金香花（2012）对韩国政府发展农渔村教育的支持性政策进行了研究，乌云特娜（2013）则对波兰农村教育存在的问题及其策略进行了研究。李涛、邓泽军（2012）对国际统筹城乡教育综合改革的模式进行了归纳总结，认为现在国际统筹城乡教育综合改革的模式大致有日本的法律建构型，韩国的政策驱动型，新加坡和美国的公共统筹型，芬兰和瑞典的

---

① 冯建军.义务教育优质均衡发展的理论研究[J].全球教育展望，2013，42（1）：84-94，61.

市民私域型，马来西亚、尼泊尔、印度三国的生存统筹型，越南、巴西、印度尼西亚则是发展统筹型的国家，中国香港则表现出都市统筹型的发展模式。[①]

5. 关于城乡义务教育一体化与资源配置的研究

城乡义务教育一体化从一定意义上来说是城乡义务教育要素互通有无、共建共享的过程，因此，关于城乡义务教育要素如何互通有无、资源如何均衡配置也是学者关注的课题。

城乡义务教育资源配置不均衡是城乡义务教育发展不均衡、非一体化的重要表现，因此，依托资源配置均衡来推动城乡义务教育一体化发展是研究者的基本主张。当前关于城乡义务教育一体化发展的资源配置方面主要集中在资源配置的方式、资源配置的效果评价以及如何保障义务教育资源能够均衡配置等层面。在资源配置的方式上尽管提倡改变过去的计划配置方式，但鉴于义务教育的基础性、公益性特性，仍主张政府应成为义务教育资源配置的主体，一致强调政府的义务教育资源配置职能。在资源配置的效果分析层面，许玲丽以及周亚虹认为教育资源配置的不均衡对城镇居民的升学机会有重大影响作用。[②]张辽依靠多变量风险价值模型，研究指出教育资源特别是教育经费资源投入的增加有助于促进地区经济的发展。[③]在如何均衡配置义务教育资源层面，靳玉乐等人从伦理学的角度，认为义务教育资源的配置会直接影响义务教育发展的质量和效果，以往我国教育资源配置存在着明显的城市优先的取向，因此他认为，义务教育资源配置既要保证制度的公平公正，还需要辅之以教育公平的补偿制度，以实现义务教育资源的均衡配置。[④]有学者从经济学的角度倡导教育资源配置要实现帕累托最优，既要保障义务教育资源存量的效益最大化，又要实现资源增量，以实现城乡义务教育一体化动态发展。[⑤]

① 王正惠. 区域城乡义务教育一体化政策运行研究 [D]. 南京：南京师范大学, 2014：17.

② 许玲丽, 周亚虹. 义务教育资源配置对初中升学机会的影响 [J]. 上海经济研究, 2011（12）：25-35, 44.

③ 张辽. 教育资源配置、人力资本积累与经济增长——基于区域比较的研究 [J]. 中央财经大学学报, 2012（8）：61-66, 77.

④ 张家军, 靳玉乐. 基础教育资源配置的伦理思考 [J]. 中国教育学刊, 2010（10）：24-27.

⑤ 冯婉桢, 吴建涛. 我国县域内义务教育均衡发展的帕累托路径研究——基于增量教育资源配置的视角 [J]. 教育学术月刊, 2012（6）：52-54.

尤其是近年来随着进城务工人员随迁子女教育问题和乡空城挤的现象增多，如何构建基于人口流动的资源动态配置问题也日益得到关注。2019年，教育部发展规划司和华东师范大学国家教育宏观政策研究院就围绕"人口变动与教育资源优化配置"进行了专门性的论坛讨论，在全面二孩政策和城镇化快速发展的推动下，我国学龄人口数量和结构已经产生了很大的变化，影响了我国教育公共服务均衡的供给侧，对教育资源的合理配置提出了更高要求。[①]刘善槐、王爽认为我国人口迁移使得教育资源配置面临着当下紧缺而未来却过剩的冲突，教育资源管理体制也存在体制困境，建议深化体制机制综合改革，统筹规划义务教育资源布局，完善教育资源共享与调配机制[②]；周兴国通过研究发现由非权力流动带来的学生要素相对自由流动与由权力性流动引导的教师资源配置之间的矛盾引发了乡村学校发展日渐式微的困境[③]；雷万鹏也指出随着城镇化背景下人口流动的加速，农民工随迁子女进城入学的问题、留守农村的儿童教育问题、城镇班额大资源紧张和乡村学校班空校舍荒废现象、流动人口的属地教育管理和属地融入矛盾突出，他提出要"构建适应人口流动的教育资源配置机制"[④]。但对于此问题较为系统深入的研究还较少。

6. 以城乡义务教育一体化为背景的相关研究

诸多研究者除了对城乡义务教育一体化本身进行研究以外，还将城乡义务教育一体化作为研究视角对如何布局城乡义务教育学校、资源配置、教师流动、教师队伍建设、教育教学质量提升如何实现一体化进行了研究。所谓将"城乡义务教育一体化"作为研究视角意味着"城乡义务教育一体化"不是要研究的真正问题，而是"看问题的一双眼睛"。以"城乡义务教育一体化"为视角的研究丰富了城乡义务教育一体化研究的微观领域，在广度以及深度上拓展了城乡义务教育一体化的相关研究，也给本书带来了启示，以"城乡义务教

① 尚伟伟, 郅庭瑾.人口变动与教育资源优化配置——中国教育发展论坛2019综述［J］.清华大学教育研究, 2019, 40（3）: 122-125.

② 刘善槐, 王爽.我国义务教育资源空间布局优化研究［J］.教育研究, 2019, 40（12）: 79-87.

③ 周兴国, 江珊.非权力性资源配置与乡村学校发展困境：一种理论解释［J］.安徽师范大学学报（人文社会科学版）, 2021, 49（1）: 136-146.

④ 雷万鹏.构建适应人口流动的教育资源配置机制［J］.教育发展研究, 2020, 40（Z2）: 3.

育一体化"为视角的"城乡义务教育一体化"究竟样态如何？"城乡义务教育一体化"的政策应如何制定与实施才是城乡义务教育发展的一体化？

（二）国外研究现状

城乡义务教育一体化可以说是一个具有中国特色的概念，因此国外并没有明确与此概念对应的相关研究。但城乡义务教育一体化所关涉的城乡关系、一体化以及教育公平问题，国外也还是有此方面的相关研究的，本部分将对国外此方面的相关研究作一阐述，以期拓展理解我国城乡义务教育一体化的理论深度。

1. 城乡关系问题研究

城市在某种程度上是人类社会生活发展到一定阶段的产物，自一开始人们的生活并没有严格的城乡划分，只是生活的A区域或B区域，也没有意识到城乡有何不同，直到城市成为先进生产力和生产关系的代表，人们的劳动分工越来越细致，城市成为先进生产力和较为文明的生活的集聚地，并由此产生阶层差异时，城乡有了对立和分化后，城乡关系问题才成为人们关注的对象，特别是19世纪工业大革命以后，剩余劳动力向城市汇聚，带来了城市人口的膨胀，并由此产生了一些经济和社会问题，甚至引发了阶级矛盾，这时关于城乡关系的研究也日益增多。学者王华、陈烈对西方城乡发展理论研究进展进行梳理，认为西方城乡发展研究理论有三种观点：第一是城市偏向，即最终乡村会走向城市化；第二是城乡由分离走向融合；第三是回归乡村偏向，注重新乡村建设。[①]由于不同时期经济发展水平的不同，学者们的关注重点不一。具体来说，当前西方在城乡关系研究方面主要有城乡二元结构和融合发展两种理论。城乡二元结构理论的代表是刘易斯（W.A .Lewis），他从发展经济学的角度，将经济结构分为现代部门和传统农业部门，传统农业部门由于劳动生产率和收入水平的低下，造成了经济不发达，现代部门是指城市工业部门。城乡的不同就在于其经济结构的不同，他强调城市是城乡最终发展的方向，强调城镇化之于传统农业部门的带动和吸引农村剩余劳动力的作用，认为城市处在发展的优势和优先地位，城乡二元最终会走向一元结构，而这个一元是以城市化为标准

---

① 王华，陈烈. 西方城乡发展理论研究进展 [J].经济地理, 2006（3）: 463–468.

的。马克思、恩格斯的城乡融合理论以及霍华德的花园城市理论是城乡融合理论的主要代表，马克思、恩格斯认为城乡生活条件均等是城乡融合的基础，霍华德认为应将城市扩大为一个区域的城市中心，这样可以使城乡居民共享城市生活的便利与好处。尽管这两种理论立场不同，但最后指向的都是一种生产力的提高和社会文明的提升，所纠结的就是乡村消除还是城乡高度融合。从这一点我们可以看出城市和乡村的对立或分离并不是社会发展的必然结果，城市和乡村自一开始是融合发展的，最终也将在社会生产力发展的推动和人的生活需要的推动下，走向一体，这种一体不是合二为一，不是地理位置的一体化，而更多指向社会生活水平和社会基本公共服务的获得。

那么在城乡一体化过程中，为何应重视城乡教育一体化呢？主要是因为教育对于促进农村现代化、促进传统农业的改善以及城市的发展具有重要作用。1964年，舒尔茨在其著作《改造传统农业》中指出增加农民的教育投资与教育服务，对于提高劳动效率、推动城乡经济融合具有重要作用。由此可以看出在推动城乡一体化中，应重视城乡的教育，尤其是乡村的教育。这为当前我国推进城乡义务教育一体化关键领域的选择提供了启迪。

2. 资源配置相关研究

国外关于教育资源配置的研究多是与教育公平问题联系在一起的。追求城乡义务教育一体化不仅是由于社会经济发展的需要，更源自人们对教育公平的追求。在教育公平理论层面，自古希腊雅典就有了民主平等教育的萌芽。柏拉图倡导公民教育，亚里士多德在公平概念上提出"数量相等"和"比值相等"，数量相等是从量的角度来说的，比值相等是按照比例来进行资源的配置。他主张，在政治上，权利的分配就应以比值的平等为依据[①]，由这可以看出公平一开始就与资源配置相关联。到了18世纪，当时的新兴市民阶级呼吁教育发展中要融入平等思想，探索教育公平发展之路，二战后，教育公平概念与日常生活联系更为紧密，并成为民众对教育权利的主要向往。1948年的《联合国人权宣言》指出教育是儿童的基本权利。2006年，世界银行发布题为《世界的发展：公平与发展》的报告，强调应重视对贫困地区儿童和弱势群体扩大社

---

① 亚里士多德. 政治学 [M]. 吴寿彭, 译. 北京: 商务印书馆, 1983: 234.

会基本公共服务的平等机会，如义务教育公平机会等。英国学者洛雷拉·特尔齐（Lorella Terzi）提出了教育公平可以为人的自由行动提供基础和能力。①教育在一定程度上是给予人自由行动的机会，但现在往往教育资源的配置成了影响流动的重要因素。因此，如何通过资源的均衡配置给予人行动和流动的自由，也是平等的教育机会理应含有的基本内容。

对于流动儿童受教育公平问题，美国学者米尔顿·弗里德曼（Milton Friedman）经过观察发现美国社会中的流动儿童在教育上存在着诸多问题，比如流动儿童辍学问题、流动儿童教育机会保障等问题，为了对这些问题进行干预，他从经济学出发，提出"教育券"理论，并主张在教育上使用教育券计划。教育券的基本操作模式是由州政府以券的方式将适龄儿童的教育资金发放给家长，家长可以选择给孩子上任何一个学校，入学后将教育券交给学校，学校拿着券可以到州政府领取相应的教育经费。这一理论设想于1990年率先在美国威斯康星州的密尔沃基市实行，该州规定符合条件的学生可以拿着政府发给的教育券，选择到私立学校读书。但这个条件每个州的规定不同，更多的州是将这些教育券发给那些在智力、身体和经济上存在困难的学生，特别是有些州地广人稀，有了教育券就可以就近选择私立学校，而不需要到很远的地方就读公立学校，降低儿童流动成本。②

3. 一体化理论研究

何谓"一体化"是理解城乡义务教育一体化发展路径的关键点，也就是什么样的状态是一体化的呢，或者说如何做才能实现一体化呢？国外相关研究可以为此提供借鉴。"一体化"的英文单词为"integration"，来自拉丁文"integratio"，有"更新"的含义。周茂荣通过对20世纪80年代中期以来国际经济一体化的发展进行研究后指出，在英文词典中将"一体化"表述为"将各部分结合为一个整体"是17世纪后才出现的事情③，而且最早更多的是出现在国外经济领域的相关研究中。当前学界认为一体化概念最早出现于荷兰经

① Lorella Terzi. Capability and Educational Equality: The Just Distribution of Resources to Students with Disabilities and Special Educational Needs [J]. Journal of Philosophy of Education, 2007（4）.

② 汤鹏. 人口变动对义务教育资源配置的影响研究 [D]. 芜湖: 安徽师范大学, 2018: 4.

③ 周茂荣. 论80年代中期以来的国际经济一体化趋势 [J]. 世界经济, 1995（8）: 27–31, 79.

济学家丁伯根在1951年出版的《国际经济一体化》，在这本书中作者提道：
"经济一体化就是将有关阻碍经济最有效运行的人为因素加以清除，通过相互
协调和统一，创造最适宜的国际经济结构。"[①]美国经济学家巴拉萨于1962年
在他的著作《经济一体化理论》中更加深入和系统地分析了经济一体化的概
念和发展阶段，他认为"一体化不仅是一种进程，更是一种状态"，强调"产
品和生产要素的流动不受政府的任何限制"，认为"经济一体化的发展要经历
取消对商品流动限制的贸易一体化、生产要素自由流动的要素一体化、集团内
国家经济政策的一体化、所有政策全面统一的完全一体化四个阶段"[②]。美国
学者卡尔·多伊奇1992年指出，"一体化一般意味着将某些部分组成整体、复
合体"，不仅可以用来表示"原来同一个单位之间的一种关系"，同时也可
以表述"原先相互分离的单位达到整体这种关系或状态的一体化过程"[③]。卡
尔·多伊奇的这种解释似乎更有利于我们理解我国的城乡义务教育一体化，也
就是将以前在义务教育发展过程中城乡分离的发展状态消除，使城乡义务教育
发展成为一个整体，这种整体不仅是一种状态，更是一种过程。

世界经济在何种空间范围内实现一体化，较为普遍的则是区域经济一体化，
由此带来了区域经济一体化理论的发展。区域经济一体化更多的是强调区域经济
集团化，目前世界范围内一体化程度最高的区域经济集团是欧洲联盟。但由于经
济一体化更多强调市场和经济效益的一体化，因此更强调集团内的成员在经济发
展时采取共同的经济政策并具有一定的排他性。当前，集团化也是推进城乡义务
教育一体化的一种模式，但城乡义务教育一体化发展不同于经济社会的一体化发
展，它本身所基于的人类共同利益视角是具有非排他性的。这一点，也启示我们
"一体化"概念在我国城乡义务教育发展中的独特性和公益性。

由上可见，国外之于城乡融合发展、教育公平和一体化的相关研究也较
为丰富，这也意味着城乡融合发展、资源配置、一体化发展是当前社会发展之
需，在理论上仍然具有研究的必要，且国外学者关于城乡融合、资源配置和一

---

① 田宝军. 县域内义务教育城乡一体化发展研究——基于河北省的调查 [M]. 北京: 人民出版社, 2017: 16.
② 田宝军. 县域内义务教育城乡一体化发展研究——基于河北省的调查 [M]. 北京: 人民出版社, 2017: 16.
③ 田宝军. 县域内义务教育城乡一体化发展研究——基于河北省的调查 [M]. 北京: 人民出版社, 2017: 16.

体化发展的相关理论研究也有助于我们更全面地认识和理解我国城乡义务教育一体化的特色与需要，思考如何构建基于要素流动的资源配置机制。

（三）国内外已有研究评述

结合上文关于国内外相关文献的梳理，可以发现目前关于城乡义务教育一体化的相关研究具有以下的共同点：

城乡义务教育一体化是推进义务教育均衡，促进教育公平发展，实现人民美好教育需求的主要途径。学者们普遍认为城乡义务教育一体化是当前义务教育发展的重要战略问题，从中央政府文件到学者研究都达成了一致的认可，认为城乡义务教育一体化发展是有效解决城乡教育二元分立、实现义务教育均衡发展的必然选择，是城乡融合发展体制机制建立健全、推动城乡义务教育一体化的关键环节，是大力提高国民素质的基础环节（曲铁华，2015；张力，2017），朱文辉强调城乡义务教育一体化发展是"当今世界先进教育体的共同主张，是教育现代化的重要标识"[①]。

城乡义务教育一体化是由义务教育均衡发展和城乡经济社会一体化双重动力促成的，与义务教育均衡发展和城乡一体化发展战略思想是一脉相承、相互促进、相互影响的。陈坤认为，我国城乡义务教育一体化改革是对国家统筹城乡发展规划的彰显和推动，体现了对教育发展实质公平的追求，从机制实施上回应了社会对教育公平的价值诉求，从共享有质量教育回归到了人的全面发展[②]。刘来兵、冯露也认为："城乡义务教育一体化不仅是党和政府对实现教育强国和乡村振兴的要求，也是广大人民群众对教育公平和优质教育的期待。推动城乡义务教育一体化发展是以习近平同志为核心的党中央对我国教育事业提出的具有战略意义的政策导向，是我国乡村振兴战略的重要组成部分。"[③]

城乡义务教育一体化的推进需要破除城乡经济社会二元结构，建立义务教育城乡一体化体制机制。邬志辉、褚宏启从制度的角度对城乡义务教育发展

---

① 朱文辉.城乡义务教育一体化发展：困境剖析与出路分析——政府职能的视角［J］.当代教育论坛，2019（1）：11-17.

② 陈坤.义务教育城乡一体化改革发展的价值取向［J］.课程教学研究，2016（11）：25-28.

③ 刘来兵，冯露.浅析推动城乡义务教育一体化发展［J］.河北师范大学学报（教育科学版），2019（5）：5-8.

的制度障碍进行分析，倡导从打破城乡教育二元结构的制度障碍角度，推进城乡教育一体化（邬志辉，2010；褚宏启，2009），郭喜永也认为要创新体制机制，破除城乡义务教育一体化的制度障碍。①

当前我国关于城乡义务教育一体化的讨论主要有三个理论视角，具体有：关系论视角，有学者从城乡关系的角度来探讨梳理我国城乡义务教育一体化经历了城乡二元—城乡统筹—城乡一体化的过程；公平论视角，有学者从义务教育发展的角度来探讨认为我国城乡义务教育一体化经历了教育发展的城乡不均衡—城乡义务教育均衡发展—城乡义务教育一体化发展；治理理论的视角，认为城乡义务教育一体化是国家教育治理体系和治理能力的重要组成部分，关系着我国国家治理体系和治理能力的现代化水平，建议要加强教育治理能力建设。无论是城乡关系的视角还是教育公平的视角，抑或是治理理论的视角，都反映出了国家对教育资源进行配置时所应遵循的规范或原则。

这些研究为新时代推进城乡义务教育一体化提供了重要的理论支撑，但随着城乡义务教育一体化发展所处的社会背景的变化和人民对美好教育需求的变化，相关研究也存在一些不足，特别是研究范式相对单一，更多是基于城乡社会的相对稳定状态下的城乡要素流动与资源配置单一与静止的范式进行研究，当前城乡社会已经进入了高流动社会，教育要素流动复杂多变，继续以相对静止的思维来推进城乡义务教育一体化，会引发诸多矛盾和问题，如标准化乡村学校建设后学生流走的资源浪费现象，因此，需要结合新时代新发展阶段的特色，寻找新的研究视角。

笔者认为，城乡义务教育一体化发展是一个渐进的过程，其是不断动态发展的，当前城乡义务教育一体化衡量指标和测量标准的评价多从外部资源的配置，特别是物的层面的指标进行设计，缺少内涵式评价。我国已经进入高流动、高融合的新时代，社会矛盾也发生了新变化，期待用新的发展理念指导社会建设和教育发展，学者们普遍认为目前我国城乡义务教育一体化已经由外延式转向了内涵发展（李玲等，2017）；未来要追求的是公平而有质量的教育，它的重要方向就是要走向内涵发展（杨东平，2017）；教育公平应转向以

① 郭喜永.实现城乡义务教育一体化的策略研究［J］.教育探索, 2015（6）: 27-31.

"人"为核心的评估域（程天君等，2019），加强教育教学改革，提高质量已成为义务教育现代化的核心任务。傅松涛认为，"教育质量既是教育存在的一种客观实在规定性，也是教育实践主体能动地人为期望、要求和设计的理念性产物，更是研究者主体对教育客观实在规定性和教育实践主体理念设计所进行的人为能动反映和建构"①。不同的主体对教育质量的内涵期待和现实感受均会不同，对城乡义务教育一体化的获得感也会不同，2019年教育部工作重点也已经指明城乡义务教育一体化已经进入了水平提升阶段，如何提升水平，确保质量，需要新的路径支持。杨卫安指出，新时代城乡义务教育一体化已经显现出了"从县域到跨区域更大范围的均衡、从质量到特色更高水平的发展、从物质到文化更深层次的融合的主要特征"②。

尽管当前学者们已经关注到城乡义务教育一体化发展目标已经发生了改变，但从义务教育构成要素流动和配置的切入点来研究城乡义务教育一体化的文献相对薄弱。城乡义务教育一体化发展的关键点是教育构成要素的合理流动与建立在此流动基础上资源的均衡配置，教育构成要素在城乡间的流动与配置研究是本书的重点。这是因为，城乡义务教育一体化的主要目的是消除城乡差别和破除城乡二元的义务教育发展结构，以往的城乡义务教育关系失衡，主要就是对教育构成要素流动和配置的城乡分割与限制，而随着城镇化和义务教育均衡发展的推进，这种要素流动和配置的城乡二元分割越来越不满足义务教育发展的需要，且义务教育要素的不合理流动和未建立在流动基础上的资源配置，成为城乡义务教育一体化发展新的障碍。陶红等人呼吁"义务教育的资源配置必须以适应儿童流动的需要为基础，必须尽快建立适应人口流动的动态义务教育资源配置"。③从要素流动与资源配置互动的视角来探究城乡义务教育一体化的发展之路日益重要。

---

① 傅松涛. 生态化: 教育质量的时代趋势与坐标 [J]. 中国人民大学教育学刊, 2012 (4): 100-110.

② 杨卫安. 城乡义务教育一体化: 制度形态与新时代特征 [J]. 现代教育管理, 2020 (9): 31-37.

③ 陶红, 杨东平, 张月清. 基于人口流动的义务教育资源配置 [J]. 上海教育科研, 2010 (11): 4-7, 18.

三、研究问题

本书主要研究我国城乡义务教育一体化发展问题。在不同的社会发展阶段，城乡义务教育一体化发展的任务和目标是不同的。在当前我国高流动社会背景下，构建基于要素流动与资源配置互动是推进城乡义务教育一体化高质量发展的关键。一方面，城镇学校呈现出大班额现象，学校的办学规模不断扩大，城镇学校学位趋于紧张；另一方面，乡村学校则呈现"空心化""小规模化"的发展趋势。此种现象预示着城乡义务教育发展不平衡的加剧。与此同时，则是国家政策层面的教育资源的均衡配置。如何解释政策要求与发展现状不相符合这一矛盾现象？如何破解乡村教育发展不充分这一难题？本书结合高流动这一社会背景，围绕城乡义务教育要素流动与资源配置失衡这一问题，提出"要素流动与资源配置互动"这一理念，试图构建城乡义务教育一体化要素流动与资源配置互动机制，以推动城乡义务教育一体化高质量发展。

在对研究对象进行阐述时有一点需要说明，本书研究城乡义务教育一体化要素流动与资源配置互动并不是强调资源配置要完全服从人口流动的意愿，只是强调从流动的视角来探讨城乡义务教育一体化政策如何完善资源配置问题，最终的目的是希望能够从系统、可持续以及人的发展需要的角度通过可持续发展的城乡义务教育一体化，实现高质量教育发展。

四、研究目的与意义

（一）研究目的

本研究旨在阐明城乡义务教育一体化发展的基本动力在于要素流动和资源配置的良性互动。城乡义务教育均衡发展关于资源配置的过往研究，主要是在生源和学校办学规模相对稳定下的资源配置，属于静态的资源配置。当义务教育发展均衡发展与现代化、城镇化发展相遇时，有关义务教育均衡发展的资源配置条件就发生了新的变化，这个条件的变化则对资源配置提出了新的要求，义务教育要素流动的加快改变了过往相对稳定的资源配置环境。因此，需要探讨在要素流动的基础上如何更好地实现资源配置，从而在推进教育公平发展的同时，满足城乡义务教育资源配置的效率要求。由此来看要素流动与资源配置的互动模式将直接影响我国城乡义务教育一体化的进程，而构建基于要素流动基础上的资源均衡配置政策则是推进城乡义务教育一体化的关键所在。

（二）研究意义

1. 实践意义

当前我国已经进入高流动、高融合的新发展阶段，社会矛盾发生了新变化，社会人口流动格局也在不断发生变化，这些给义务教育资源配置带来了挑战。当前的城乡义务教育一体化发展的基本思路是基于城乡社会弱流动背景下旨在缩小城乡义务教育办学条件层面差距的资源配置，尤其是对如何实现城乡义务教育标准化办学的思考，是将城乡义务教育学校置于相对静止封闭的状态来考虑资源配置的。比如义务教育均衡达标条件和义务教育优质均衡达标的条件对于城镇学校来说，可能目前的生均多功能室、美术室、音乐室在进城生源增加后就会变得不符合标准，而反过来乡村条件标准化或富余后会在乡村人口外流严重的过程中出现资源浪费现象，尤其是那些无法流动的教育要素。但这也不是意味着不要建设乡村学校，乡村教学点的存在价值与意义要求政府还必须要加大投入去关注这些学校，这就意味着当前城乡义务教育一体化发展不仅要关注资源均衡配置，还要关注教育要素流动给资源均衡配置带来的挑战。因此，从要素流动与资源配置互动的关系角度来探讨城乡义务教育一体化如何实现要素流动基础上的资源配置，从而真正实现义务教育的普及性、基础性等价值，是具有一定的现实意义和价值的。

2. 理论意义

当前关于城乡义务教育一体化的研究有的是从城乡关系的视角，有的是从公平理论的视角，或关注义务教育资源的均衡配置问题，或关注义务教育流动人口的教育权利保障问题，但从要素流动和资源配置互动的视角来阐述城乡义务教育一体化发展问题尚显薄弱，而现实的发展也显示出当前城乡义务教育一体化面临着要素流动与资源配置互动的困境，因此，有必要从理论上对城乡义务教育一体化中要素流动和资源配置有关的问题加以分析和阐释。

第一，阐明要素流动与资源配置是互动的关系。在以往的义务教育资源配置中，较为关注的是资源配置影响要素流动的单向性关系，但实际上要素流动与资源配置是相互作用的双向互动关系，资源配置影响要素流动，反过来要素流动亦会影响资源配置。本书从马克思城乡融合理论、人口流动理论、教育公平理论、社会结构化理论、人的发展需要层次理论角度尝试构建基于要素流动与资源配置互动视角的城乡义务教育一体化的分析视角，有助于丰富城乡义务教育一体化的理论研究。

第二，阐明要素流动与资源配置互动失格对城乡义务教育一体化的影响。要素流动与资源配置互动的失格是城乡义务教育一体化上的最大障碍，本书通过对城乡义务教育一体化发展的历史溯源揭示要素流动与资源配置互动对城乡义务教育一体化的意义，可以深化城乡义务教育一体化发展障碍的原因分析，为新发展阶段城乡义务教育一体化政策优化提供理论依据。

五、研究方法

本书主要就城乡义务教育一体化展开研究，属于哲学社会科学研究范畴。因此，本书遵循哲学社会科学研究的方法进行研究。本书运用马克思主义逻辑与历史相统一的研究理念，对我国城乡义务教育一体化的实质及发展背景进行理论和实践的梳理与分析，有利于增强对城乡义务教育一体化发展范式转变的必然性、合理性的理解，在此基础上经过逻辑推演构建城乡义务教育一体化发展的政策建议。具体研究方法包括：

1. 文献法

一是分析政策文本。在全面查阅我国有关义务教育法律、法规和政策文本，梳理城乡义务教育一体化形成与变迁过程的基础上，从资源配置的视角就2010年以来我国推进城乡义务教育一体化、缩小城乡义务教育发展差距上所颁布的有关义务教育发展、教师队伍建设、乡村教育发展的政策文本进行分析，探究城乡义务教育一体化政策演进的价值取向及主要措施，以此揭示在高流动社会下，我国城乡义务教育一体化政策在资源配置上存在的困境；二是分析二手统计数据和调查资料。搜集国家统计局以及教育部、民政部、人社部、财政部等国家部委公布的与城乡义务教育一体化发展相关的政策数据，并加以分析，了解国家当前在推进城乡义务教育一体化方面的举措，以及当前城乡义务教育一体化发展的状况，可以为后续完善城乡义务教育一体化路径提供参考。

2. 案例研究法

鉴于安徽省合肥市在推进城乡义务教育一体化中集团化办学特色的彰显以及安徽省寿县在推进城乡义务教育一体化中所探索的"县乡共管"模式的良好社会效应，考虑安徽作为国家中部地区和长三角一体化区域中代表性的省域特性以及自身调查研究的便利性，笔者选择这两个地方作为分析城乡义务教育一体化实践模式的重要对象。于是，笔者2019年9月在与安徽省合肥市某区教育局教育科工作人员的交流访谈下，搜集了解了该区城乡义务教育一体化的相关做法，收集的材料包括：该区当前义务教育学校师生数及标准化建设数据、城乡义务教育一体化发展现状及其存在的主要问题和影响、推进城乡义务教育一体化集团化办学的文件及经验总结，并于2020年6月深入安徽省寿县教育局，以座谈研讨的方式对当地城乡义务教育一体化发展现状及政策实践保障进行了了解，为本书城乡义务教育一体化实践案例分析部分提供了资料来源。

3. 比较分析法

城乡义务教育一体化，虽然受中国特色的城乡社会发展模式影响，但鉴于教育是人类共同的事业，有着不分国界、不分政体的统一价值，尤其是基础教育中的义务教育，因此，国外城乡社会的发展，特别是其城乡义务教育一体化的实践和探索可以为我国推进城乡义务教育一体化提供一定的启示。因此，本书在政策建议部分，有针对性地引入了日本、芬兰等国在调节国家人口流动和满足流动人口上的教育资源配置方式与举措，以为新发展阶段我国城乡义务教育一体化要素流动与资源配置互动提供参考。虽然日本、芬兰与我国政治制度和经济发展水平不一，但这两国的一些经验和做法亦可以为我们提供启示。一是由于日本是世界上城乡义务教育发展均衡水平较高的国家之一，二是OECD PISA 2018结果显示在芬兰，78%的学生（OECD平均67%）表示他们对自己的生活和学习感到满意（在10分制生活满意度量表中，学生的满意度在7到10分之间）[1]，而我国所参测的四省市（北京、上海、江苏、浙江）学生的学校归属感指数为−0.19，幸福指数偏低。这也不禁使我们思考究竟以什么样的城乡义务教育一体化来满足人民美好生活的需要，促进儿童幸福。

六、基本概念界定

（一）城乡义务教育一体化的概念界定

本书所要探究的要素流动与资源配置互动关系特指城乡义务教育一体化背景下如何构建良性的义务教育人口要素流动与资源配置互动机制，"城乡义务教育一体化"是本书的研究对象，明晰城乡义务教育一体化的内涵有助于对为何要从要素流动与资源配置互动的角度来探讨城乡义务教育一体化发展有更深的理解。

1. 城乡义务教育一体化相关概念辨析

关于如何发展我国的城乡义务教育问题，国家在政策文件中有三种表述：城乡义务教育一体化发展、城乡义务教育统筹发展、城乡义务教育均衡发展。这三个概念经常出现互相替用、混用的现象。在明晰城乡义务教育一体化的概念之时，要明晰城乡义务教育一体化与城乡义务教育统筹发展和城乡义务教育均衡发展的异同。

学者李玲、宋乃庆指出城乡义务教育一体化、城乡义务教育统筹发展与城乡义务教育均衡发展是三个不同的概念："城乡教育均衡更多强调通过平等分配教育资源以实现教育需要和教育供给的相对平衡；城乡义务教育统筹发展侧重的是总体上对城乡教育发展的谋划，以求得城乡教育发展的良性互动和互惠共赢；而城乡义务教育一体化则强调城乡义务教育的协调发展，旨在缩小城乡义务教育发展差距，实现城乡教育公平。"[2]由此可以看出，城乡义务教

① Finland-Country Note-PISA 2018 Results［EB/OL］.（2020-01-08）［2020-02-19］.http：//www.oecdbetterlifeindex.org/countries/finland/.

② 李玲，宋乃庆，龚春燕等.城乡教育一体化：理论、指标与测算［J］.教育研究，2012（2）：42–43.

育均衡发展和城乡义务教育统筹发展是城乡义务教育一体化发展的重要保障，它们更侧重于推进城乡义务教育一体化的手段，城乡义务教育一体化的内涵比城乡义务教育均衡内涵更加丰富。正如张乐天所说："城乡教育一体化离不开城乡教育统筹发展，是城乡教育统筹发展到一定时期、一定阶段所呈现的一种新的状态……城乡义务教育一体化建立在城乡教育统筹基础之上。"[1]而学者张力认为："城乡义务教育一体化是义务教育均衡发展的更高要求，义务教育均衡发展的现阶段转向了城乡一体化发展。"[2]学者们关于城乡义务教育一体化与之相关概念的关系探讨，为明确何谓城乡义务教育一体化奠定了良好的基础，但也存在一些不清晰的地方，关于城乡义务教育一体化与城乡义务教育均衡发展的关系还有待明晰。

（1）城乡义务教育一体化发展与统筹发展

城乡义务教育统筹发展与城乡义务教育一体化从一定意义上来说具有一致性，两者均是城乡发展的下位概念。2002年，面对城乡二元结构给城乡经济社会发展带来的阻力和日益突出的"三农"问题，中共中央在党的十六大上提出了城乡统筹发展方针，揭开了我国城乡统筹发展的序幕。在随后的十六届三中全会上，进一步强调了城乡统筹作为科学发展观的首位意义，对于如何构建统筹城乡发展的机制，十六届四中全会提出了"工业反哺农业，城市支持农村"的思路。中共中央、国务院2017年4月发布的《关于加强和完善城乡社区治理的意见》中指出："坚持城乡统筹，协调发展。适应城乡发展一体化和基本公共服务均等化要求，促进公共资源在城乡间均衡配置。"[3]义务教育属于国家公共资源，需要政府统筹配置城乡义务教育资源。

"统筹"从词源的角度看，包含着统一筹划的含义。于月萍认为从深层次来看，统筹的概念包括"统一筹测（预测）—统一筹划（计划）—统一安排（实施）—统一运筹（指挥）—统筹兼顾（掌控）"五个步骤。[4]城乡统筹

① 张乐天. 城乡教育一体化: 目标分解与路径选择 [J]. 复旦教育论坛, 2011 (6): 65.
② 张力. 城乡一体化发展是义务教育均衡发展的更高要求 [J]. 中国教育学刊, 2017 (12): 3-5.
③ 关于加强和完善城乡社区治理的意见 [EB/OL]. (2017-06-12) [2019-05-17]. http://www.gov.cn/zhengce/2017-06/12/content_5201910.htm.
④ 于月萍. 区域推进城乡教育一体化发展的理论及战略研究 [M]. 沈阳: 辽宁人民出版社, 2012: 19.

影响了城乡义务教育发展的理念和方式。在此理念下，城乡义务教育统筹发展就是将乡村义务教育归到义务教育发展的城乡统一体中，破除城乡义务教育互为分割的二元关系，有学者认为城乡义务教育统筹是城乡义务教育一体化在决策层面上的含义。[①]由此，城乡义务教育统筹是城乡义务教育一体化的指导理念，旨在用统筹的方式推进城乡义务教育一体化发展，侧重于城乡义务教育发展的统筹兼顾，将城乡义务教育一体化视为实现城乡义务教育统筹的重要保障。从要素流动和资源配置互动的关系来说，城乡义务教育统筹是城乡义务教育一体化的保障，城乡一体化需要统筹城乡义务教育资源，统筹是资源配置的一种方式，并未能体现基于一体化要素流动基础上的资源统筹配置，因此，本书认为城乡义务教育一体化比城乡义务教育统筹更具有动态特征，更强调基于要素流动的资源统筹配置。这一点也可以由国家相关文件来说明：《教育部关于"十二五"期间加强学校基本建设规划的意见》中第一次将统筹城乡教育发展与城乡教育一体化结合在一起，其提到"统筹城乡教育发展。结合城乡发展的趋势，兼顾城镇化和新农村建设的要求，统一规划城乡学校布局，在有条件的地区加快推动城乡教育一体化"[②]。可见城乡义务教育一体化是需要一定条件的，比城乡教育统筹发展要求更高。

（2）城乡义务教育一体化发展与均衡发展

城乡义务教育一体化是义务教育均衡发展的更高要求。义务教育是每个适龄儿童应尽的义务，义务教育的机会已经通过法律形式赋予了所有儿童，但是机会享有的质量如何需要相关的配套资源予以保证。如果在一个地方，义务教育城乡的资源配置出现较大差距，城市高出乡村水平，一些学校条件资源丰富，一些学校条件资源不足，则会影响义务教育的均衡化水平。因此，为进一步推进城乡义务教育均衡发展，就要实现一定范围内城乡义务教育资源的一体化。2020年《中共中央关于制定国民经济和社会发展第十四个五年规划和二〇三五年远景目标的建议》明确教育发展要"坚持公益性原则，深化教育改

---

① 于月萍. 区域推进城乡教育一体化发展的理论及战略研究 [M]. 沈阳：辽宁人民出版社, 2012: 19.

② 教育部关于"十二五"期间加强学校基本建设规划的意见 [EB/OL]. (2013-07-07) [2019-05-17]. http://jjc.gzmu.edu.cn/info/1071/1038.htm.

革，促进教育公平，推动义务教育均衡发展和城乡一体化"①，将城乡义务教育一体化与城乡义务教育均衡发展放在了"和"的并列关系上。这表明城乡义务教育一体化与城乡义务教育均衡发展是不相同且没有高低之分的概念，那城乡义务教育一体化发展与城乡义务教育均衡发展究竟有什么样的不同呢？笔者认为，城乡义务教育一体化不仅强调统筹城乡义务教育发展，更强调建立在城乡义务教育要素自由流动基础上的城乡义务教育统筹规划、系统发展的问题，而相对于义务教育资源的统筹层面不仅强调资源配备的均衡，更强调资源的共享共建，城乡义务教育均衡发展更多强调的是资源的均衡配备，一个重在配，一个重在建，更突出了城乡义务教育一体化对于义务教育发展质量均衡的追求，对人民美好教育诉求的回应。

2. 城乡义务教育一体化的概念范畴

城乡义务教育一体化的关键词包括"城乡""义务教育""一体化"三个方面，因此要理解城乡义务教育一体化的概念范畴，需要界定这三个关键词的内涵。

第一，关于城乡的界定。城乡的概念界定关系着本书研究的问题场域。关于城乡的划分在我国目前较为通用的是2008年国家统计局关于城乡的规定，此规定将我国的城乡划分为三个层次，包括城区、镇区、乡村。但在不同的领域有不同的使用规定。以邬志辉为代表的研究者在谈到城乡范畴时将农村的范围定义在镇区和乡村，乡包括乡和村屯，县镇包括县城和镇。从2011年起，《中国教育统计年鉴》依据国家统计局的《统计用城乡划分代码》将城乡划分为城区（含主城区、城乡结合区）、镇区（含镇中心区、镇乡结合区、特殊区域）、乡村（乡村中心区、村庄）三大类七小类。中国住房和城乡建设部在每年的城乡建设统计年鉴中将城市（县城）分为设市城市城区和县城，村镇范围包括建制镇、乡和镇乡级特殊区域。每一种统计方案在遵照国家城乡划分标准的精神下，结合各自统计需要有所调整。鉴于当前城乡义务教育一体化发展以及人口要素流动的实际情况，本书的城指的是市区及县城、乡镇中心的范畴，

---

① 中共中央关于制定国民经济和社会发展第十四个五年规划和二〇三五年远景目标的建议［EB/OL］.（2020-11-05）［2020-11-11］.http://www.gov.cn/ zhengce/2020-11/03/ content_5556991.htm.

乡特指乡镇以下地区，包括市区下的郊区地区。但在涉及关于城乡概念的运用时，更多依据原始政策文本或相关数据的统计来进行表述。因此，本书的"城乡"也未有严格统一的规定，更多从宏观和宽泛的空间概念上来理解城市和乡村。这也符合当前城乡社会发展变动不居的实际情况。

第二，关于义务教育的界定。"义务教育"是本书研究的问题对象和问题视域。所谓义务教育，世界上诸多国家对其强制性、免费性和公益性的性质已经基本达成共识，重视和发展义务教育的意义也形成了世界共识：义务教育对人和社会的发展具有基础性、全局性的价值，因此世界各国都十分重视义务教育的普及和发展，我国也不例外。在这里提出"义务教育"旨在明确本书所指涉的义务教育是基于中国特色社会主义的义务教育，并非如德国包含职业教育，也并非如日本关涉学前教育，且其特指学校层面的义务教育。义务教育的这种特性也预示着政府应成为推进城乡义务教育一体化的主要责任者，在义务教育要素流动和资源配置中应发挥政府的宏观指导和调配作用，切实保障人民群众均等的义务教育服务。而义务教育的普及性、基础性等特征也奠定了城乡义务教育一体化要素流动与资源配置互动的必要性。

第三，一体化的概念。一体化是当前一种发展的理念和思维，最早用来表达西欧各国之间经济的一体化，现在在很多领域都有所使用。在我国，谈到媒体融合一体化发展时，习近平指出："要研究把握现代新闻传播规律和新兴媒体发展规律，强化互联网思维和一体化发展理念，推动各种媒介资源、生产要素有效整合，推动信息内容、技术应用、平台终端，人才队伍共享融通。"[1]关于经济领域的一体化，肖汉平认为："一体化是不同经济体通过制订共同的规则实现区域经济合作、协调/协同和融合的过程。经济一体化不仅存在于国家之间，也存在于国内各地区之间。经济一体化的动机是人们认识到国家和地区边界施加的限制影响到贸易、投资和经济的预期效益的最大化。"[2]城乡义务教育一体化概念是对经济社会一体化概念的移植。在教育领

① 习近平. 习近平谈加快推动媒体融合发展 [EB/OL]. (2019-10-19) [2019-11-17]. https://baijiahao. baidu.com/s?id=1646909695864598420&wfr=spider&for=pc.

② 肖汉平. 加快推进长汇经济带一体化，打造高质量发展经济带 [EB/OL]. (2019-03-27) [2019-11-17] http://www.china.com.cn/opinion/think/2019-03/27/content74617122.htm.

域，关于城乡教育一体化最早的论述见于1995年王克勤的文章《论城乡教育一体化》，他在文中认为城乡教育一体化是"要打破城乡二元经济结构和社会结构的束缚，城乡是同属于城市和乡村一个大系统之中的，建议运用系统的方式，推动城乡教育协同发展"[①]。

2010年《教育规划纲要》对城乡义务教育一体化的表述标志着"城乡义务教育一体化的概念被定义"[②]。紧接着，2016年7月，国务院印发《关于统筹推进县域内城乡义务教育一体化改革发展的若干意见》，对如何更好地推进城乡义务教育一体化进行了具体的定位和安排，可谓是从政策文件上规定了什么是城乡义务教育一体化，以及如何推进城乡义务教育一体化。"一体化"是一个过程，是各种制度动态变化的过程，是各种因素的互动，反映的是一定的社会关系。对"一体化"这一过程的捕捉需要有合适的变量，更需要适当的研究定位。虽说这种界定有些许宽泛，对于当前的城乡关系指导似乎较为模糊，但理念是相通的，这一界定可以为我们理解我国城乡教育一体化提供更广阔的视野和胸襟。由"一体化"思维在社会其他领域和教育领域中的运用，结合当前国家之于城乡义务教育发展的顶层设计，可以总结出，城乡义务教育一体化的关键点在于破除长时期存在于我国的城乡二元结构，促进城乡义务教育要素自由流动和资源的均衡配置，以缩小城乡义务教育差距，满足人民对美好教育的需要。

3. 城乡义务教育一体化的概念内涵

综上，鉴于义务教育的本质属性和"一体化"思维的具体要求，结合我国城乡一体化的概念缘起、现实需要和城乡义务教育一体化发展的战略安排，本书认为城乡义务教育一体化是社会公平正义和城乡一体化发展在教育领域中的体现，重点是破除城乡义务教育二元结构，促进城乡义务教育要素自由流动和资源配置均衡，以此缩小城乡义务教育发展差距，实现城乡义务教育资源共享。

此概念关注城乡义务教育一体化与人的全面发展的重要性，回归了教育和社会发展的本质：促进人的全面发展。此概念受《关于统筹推进县域内义务

---

① 王克勤. 论城乡教育一体化[J]. 普教研究, 1995(1): 6-8.
② 陈巧云, 张乐天, 蒋平. 管窥城乡统筹背景下的义务教育研究现状[J]. 教育学术月刊, 2014(3): 40-57.

教育一体化改革发展的若干意见》的启示，将义务教育纳入公共资源范畴，认为城乡义务教育一体化不仅是义务教育的城乡一体化，更是城乡公共资源一体化的一部分，同时也需要全国公共资源的一体化，将城乡义务教育一体化纳入全国一体化发展范畴，体现了国家一体化战略的精神：人类命运共同体。此概念认为当前我国城乡义务教育一体化的重心已经由资源统筹分配转向了资源统筹分配与资源共建共享并重的时期，甚至更应侧重对资源的建设，强调当前城乡义务教育一体化应由外延式资源投入转向内涵式资源建设阶段；此概念的基本立场是：城乡义务教育一体化就是要把义务教育当作国家共同的公益性事业来对待。正如涂尔干所说："对我们的儿童进行的教育，显然不应该取决于儿童在出生地点上的偶然性，也不应该取决于他们的家长是谁。"[①]儿童是国家的儿童，义务教育是国家的义务教育，应从国家整体性的角度来统筹规划全国的义务教育资源（而不应有城乡地域上的不平等与不均衡），确保每一个人不因资源配置的问题影响其自由发展、自由流动。这个概念可以从以下四个方面进行阐释：

第一，城乡义务教育一体化是一种价值引领式发展。

城乡义务教育一体化是一种理念，是一种价值引领。城乡义务教育一体化发展作为一种价值引领式发展的寓意表现在两个方面：一是城乡义务教育一体化发展是指引义务教育符合社会公平以及社会正义的发展。这种引领不仅是对教育发展的应对，更是对确保人的尊严的保障，是一种人文主义的选择。二是城乡义务教育一体化是实现义务教育均衡发展的重要保障。义务教育均衡发展要求城乡义务教育必然实现一体化发展。城乡义务教育一体化发展可能只是一个永恒的理想和追求，我们只能在一定的区域范围内，在动态的过程中使城乡义务教育呈现一种相对一体化的发展状态。即便是当前世界公认的城乡义务教育一体化水平较高的日本来说，城乡义务教育发展也仍然是有差异的。这种差异是正常的，也是教育发展的必然。教育本就是为了实现个人个性的全面发展，并非造就千篇一律的标准的完人，也并非工厂化的可以用模具刻印的标准化生产。这启示我们在实践城乡义务教育一体化中只要秉承人文主义的理念，

---

① 张人杰. 国外教育社会学基本文选 [M]. 上海：华东师范大学出版社，1989：7.

坚持人的全面发展和社会的全面进步，可以根据各地实际开展多样化的探索，以确保城乡义务教育在一体化基础上的特色发展。

第二，城乡义务教育一体化是城乡义务教育优质特色化发展。

"一体化"并非同质化、同样化。城乡义务教育虽然是国家共建共治，但却并非要求一样化，在我国地域多样、文化丰富，人的发展需求多元，需要多元的教育，城乡义务教育一体化是以全国教育资源均衡配置与合理使用为前提，以学校优质特色化为保障，办好每一所学校，为学生全面发展提供良好的发展平台。城乡义务教育一体化既顾及了人发展的基本的教育需要同一性的平衡，又兼顾了人的未来发展和幸福生活的差异性需要，兼顾了人的发展的差异性和同一性，"一个人的差异性与同一性都同时得到应有重视与合理安排的社会，才是一个公平与效率真正统一的正义的、和谐的社会。虽然完全和谐统一的社会只可能永远地存在于未来，但这一点并不影响人类向这一理想境地不断迈进"[1]。这将是本书写作的基点和集中想要表达的观点。

第三，城乡义务教育一体化发展是学生全面发展和社会全面进步的发展。

城乡义务教育一体化是我国社会主义发展的本质要求，也是义务教育作为人的发展的基本权利的客观诉求，更是保障人的自由全面健康发展和社会全面进步的基本前提，是实现义务教育高质量发展和社会可持续发展的理想追求。城乡义务教育一体化不仅仅是为了消解城乡义务教育发展二元结构，更期待通过"一体化"的思维，消解教育功利主义，强调教育之于人的全面发展的重要性和终身性，强调教育促进社会全面进步和可持续发展。

第四，城乡义务教育一体化发展需要教育和社会一体化发展的良好生态。

城乡义务教育一体化意在"城乡教育本是一家"[2]。城乡概念之于义务教育领域来说只能是场域的不同，不能有其他的区别，只是义务教育办学场所定位在城或者乡这一地理位置的不同，其他条件上应消除城乡这一划分，生源、教师、教育资源等全是国家共有，应纳入国家整体治理概念，以一体化治理理

---

① 易小明. 论差异性正义与同一性正义 [J]. 哲学研究, 2006 (8): 115–119.

② 陶继新. 办好乡村教育的思考与对策——访当代著名教育专家顾明远教授 [J]. 教育文化论坛, 2018, 10 (5): 138.

念来治理义务教育，消除当前将生源、教师列有城乡二元之分，这需要教育政策的包容性，对人的理解的包容性。众生皆平等，并不能因生活场域的不同而接受不同的待遇，对于义务教育来说更不可以。

概言之，城乡义务教育一体化强调在城乡义务教育中需要将义务教育放在整个国民教育体系的整体生态中予以考虑，是整个国民教育体系的一体化发展才能推进城乡义务教育一体化发展，唯有全面推进教育综合改革，构建终身教育体系，才能为城乡义务教育一体化提供良好的教育生态，最终实现教育共同体的全面一体化。还提倡将城乡义务教育纳入城乡整个社会发展的一体化中去综合推进。城乡义务教育一体化发展并不单单是教育领域的发展，而是整合社会、政治、经济、文化等各系统各生态的一体化发展，是一体化发展思维在城乡义务教育领域中的运用和体现，因此需要将义务教育纳入城乡建设的整体范围之内，运用"一体化"的思维来推进城乡义务教育一体化发展，从而实现城乡一体化发展，是社会"五位一体"的"一体化"，是要实现教育与人的发展，教育与社会发展的生态正义。

4.城乡义务教育一体化的具体维度（见图1-2）

从2010年《教育规划纲要》提出建立城乡一体化的义务教育发展机制，到党的十九大报告和《中共中央国务院关于建立健全城乡融合发展体制机制和政策体系的意见》，都强调了城乡义务教育一体化关键在于体制机制和资源要素融合共享，这也给城乡义务教育一体化发展的具体维度和衡量指标提供了参考框架：

一是在什么内容上的一体化，也就是教育发展上的一体化。这主要是从教育构成要素的视角来分析城乡义务教育发展中教师、学生、教育影响要素（经费投入、基础设施等）是否一体化。本书将重点关注教育资源共享城乡一体化这个层面，来探讨城乡义务教育一体化要素流动与资源配置互动问题。

二是在什么区域上的一体化。依据我国关于行政级别的划分标准，城乡义务教育一体化又被划分为镇（乡）域、县（区）域、市域、省（直辖市、自治区）域以及国家层面的一体化。鉴于我国国土面积广大、地域差异显著和义务教育管理政府为责任主体的特殊国情，城乡义务教育一体化的推进是分区域、分阶段进行的。本书在研究中将重点落脚于镇（乡）域、县（区）域、市域（市）这三级城乡义务教育一体化的实践探索和存在的障碍。

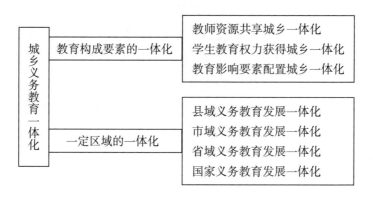

图1-2 城乡义务教育一体化的具体维度

（二）要素流动与资源配置的概念界定

1. 要素流动

要素是指构成客观事物和影响客观活动的基本要件，按要素配置一直是我国资源配置的主要依据。社会是由很多要素构成的系统，人是社会系统最基本的构成要素，也构成了社会活动最基本的要素。理解一个系统或者活动最基本的抓手在于把握构成这个系统和活动的基本要素。

（1）教育要素

由于本书研究的教育问题主要集中在义务教育领域，因此，本书的要素界定集中于探讨教育要素的流动。关于教育的构成要素，有三要素、四要素、五要素之说。其中最经典的是三要素说，即认为教育由教育者、受教育者和教育影响三种要素构成。教育者和受教育者往往被称为教育构成中人的要素，教育影响泛指一切对教育活动产生影响的各种媒介，包括教育活动所需要的设施设备、教育内容、教育手段、环境因素等，用来指代教育活动中物的要素。

（2）教育要素流动

要素流动涉及两个层面的内涵，是什么要素流动和如何流动问题。这两个问题放在不同的场域和问题域中有不同的理解。在城乡义务教育一体化发展中，要素主要指的是上文提到的教育构成要素学生和教师，这是影响教育资源配置最核心的两个要素，也是影响社会结构转型的根本动力。

关于流动的流向问题，有水平流动、向上流动。在谈论教育流动的时候更多的是从教育的功能角度谈教育的社会流动功能，主要是教育如何促进社会合理分层和向上流动。本书结合教育的实际和教育对个体、社会发展的功能和城乡流动人口的实际，认为当前在学生层面的流动，更多的是乡—城的流动，教师层面的流动由乡—城流动，和政府主导的教师轮岗的城—乡流动。后文在讨论要素流动与资源配置关系的时候也将从这种流动模式角度进行阐述，而考虑到教师既作为要素又作为资源的双重身份，更倾向于将教师作为影响学生流动的资源进行分析。

2. 资源配置

（1）资源的内涵

资源在《辞海》中泛指"一切生产资料或生活资料的来源"[①]。国外 *Webster's New Universal Unabridged Dictionary* 中关于资源的解释较为权威，其认为资源有三种内涵："一种是指供应、支持或者援助的来源，特别是作为一种储备而存在；一种是指一个国家的集体财富或者生产财富的方式；三是指包括物力、资金或者可以转化为资金和资产的所有权。"[②] 在教育领域，教育要素往往与教育资源存在着概念上的重合现象。比如最早使用"教育资源"概念的韩宗礼将教育资源分为人力、物力和财力三个方面。这就包括一切与教育发展相关的资源，而封留才则认为"教育资源配置就是对教育要素的整合"[③]。顾明远在《教育大辞典》中将教育资源的界定为："教育资源亦称'教育经济条件'，指教育过程中所占用、使用和消耗的人力、物力和财力资源的总和，即教育人力资源、物力资源和财力资源的总和。"[④] 这就使得教育资源概念慢慢演化为教育内部的条件，与教育要素有相通之处。将教育资源限定为教育互动中所投入的各种资源的总和，具体为人力资源（师资水平，如教师学历、职

---

① 辞海编辑委员会. 辞海（第六版缩印本）[M]. 上海：上海辞书出版社，2010：2540.

② Merriam-Webster. Webster's New Universal Unabridged Dictionary [M]. New York: Barnes & Noble Books, 1999：1221.

③ 封留才. 理想与现实——当代中国基础教育资源公平配置研究 [M]. 南京：南京大学出版社，2015：92.

④ 顾明远. 教育大辞典（上）[Z]. 上海：上海教育出版社，1987：799.

称、年龄等）、物力资源（学校的办学条件，比如图书资料、仪器设备等）、财力资源（教育经费投入，包括生均公用经费投入、仪器设备经费投入、基建维修等经费投入）。本书鉴于区分教育要素和教育资源的需要以及教育与社会发展的关系角度，倾向于在韩宗礼关于教育资源的界定上将本书的资源设定为与教育发展相关的一切社会资源。而关于社会资源的界定，经济学上指"整个社会所拥有的资源、包括自然资源、物质资源、财力资源、人力资源与图书资源，乃至于电子计算机系统中的硬件和软件等"[①]。这种关于社会资源的界定较为泛化，似乎与人类活动相关的一切资源都可涵盖在内。社会学家郑杭生认为："所谓社会资源，是指一个社会及其社会个体赖以生存和发展所需的人力、财力、物力、机会等生产和生活资料。"[②]他指出，"加强社会建设、改善民生问题、追求共同富裕，归根结底，离不开社会资源和社会机会的合理配置和获取""社会正义就是社会资源和社会机会配置的公平性和平等性"[③]。这一论述对于思考城乡义务教育一体化的要素流动和资源配置互动关系具有很好的参考价值。国外关于社会资源的论述较为有代表性的是马克斯·韦伯的论述。他将社会资源等同于社会资本，内容含涉权力、财富和社会声望，布迪厄将资本分为经济资本、社会资本和文化资本。而关于社会资本的论述对于理解人们的流动也具有一定的启示意义。

鉴于本书研究的范围，本书的资源具体包括教育活动发展所需要的人力、物力、财力资源，也包括影响教育要素流动的社会福利资源、公共设施资源、基本公共服务资源等，可以概括为直接影响教育活动的教育资源和办教育需要的社会资源。但本书在行文时，可能不单一指出，往往将其统称为资源。而城乡义务教育一体化的关键目标就在于要实现这些资源在城乡义务教育发展中的均衡配置，促进城乡义务教育要素的自由流动，实现资源的共建共享。

---

① 王康. 社会学词典 [M]. 济南：山东人民出版社，1988：258.

② 郑杭生. 抓住社会资源和机会公平配置这个关键——党的十八大报告社会建设论述解读 [J]. 求是，2013（7）：37–39.

③ 郑杭生. 抓住社会资源和机会公平配置这个关键——党的十八大报告社会建设论述解读 [J]. 求是，2013（7）：37–39.

（2）资源配置的内涵

资源配置是对资源的一种分配方式，资源配置是为了提升资源的效率，满足人的基本需要，不同的领域有不同的规定。《经济大辞海》中对资源配置的界定为；"资源配置又称资源分配，是指资源在不同用途和不同使用者之间的分配状况，是为了达到最优化组合，资源在各个部门和个人之间的一种最优或最适度分配。"①社会学中社会资源配置的概念指的是"对社会及其社会个体赖以生存和发展所需要的人力、财力、物力、机会等生产和生活资源在各种不同的使用方向之间的分配"②。无论是经济领域的资源配置，还是社会领域的资源配置，都追求资源配置的公平合理。这是基于资源（物质资源、人力资源以及财力资源）有限的前提所考虑的，对其进行配置，目的是发挥资源的最大作用。当前经济领域要素流动与资源配置主要强调市场在要素流动和资源配置中的作用和职能，强调构建要素自由流动和资源均衡配置的市场机制，促进城乡经济社会一体化。城乡义务教育一体化是从属于城乡一体化的概念，其发展模式深受城乡一体化的影响，这也表明了在城乡义务教育一体化研究中运用要素流动与资源配置的视角有着现实的必要。

教育要素的自由流动是教育促进人的自由发展的应有之义，推进城乡义务教育一体化发展，推动城乡义务教育要素中人的要素在城乡间、区域间双向自由流动和平等共享是激活城乡义务教育发展活力和消除城乡义务教育发展差距的前提条件。但要素流动自由背后有一个关键性的因素是：全面消除资源配置的城乡差距，为人的全面自由流动提供充分的可选择的义务教育资源。城乡义务教育一体化从本质上来说是实现社会资源在义务教育发展中公平配置的重要举措。城乡义务教育一体化中的资源配置不仅包括教育资源的配置，也包括对教育要素流动产生作用的一切社会资源，特别是社会基本公共服务资源的配置。陈桂生指出构成教育活动的要素很多，有些是必要的，缺它不可，有些要素是教育活动的充分条件，"条件越充分，教育活动越有效"③。从条件充分

---

① 张跃庆，张念宏. 经济大辞海 [M]. 北京：海洋出版社，1992：77.

② 郑杭生. 抓住社会资源和机会公平配置这个关键——党的十八大报告社会建设论述解读 [J]. 求是，2013（7）：37–39.

③ 陈桂生. 教育原理 [M]. 上海：华东师范大学出版社，1993：4.

角度来说，凡是影响义务教育发展的一切资源都可以被列为影响教育要素流动的资源配置。但有些基本的资源是不可缺少的，从教育活动的开展来说，基本的硬件资源、教师、校长（相关管理者）是教育活动必不可少的资源，而这些资源的配置也直接影响学生和教师的流动。鉴于此，本书将教育的要素界定为教师、学生、学校，将资源界定为与教育发展相关的一切资源，包括基本的教育教学设施、社会公共服务、福利待遇等。对应学生的资源包括教师、家庭资源（家庭的流动影响学生的流动）、社区资源、学校资源（涵盖进行教育活动所需要的一切资源）；对应教师的资源包括社会公共福利（任职场所的社会福利资源）、工资待遇、发展性资源（职称、进修）等；对应学校的资源包括校舍资源、财力资源、课程资源、教师资源、信息资源[①]等。具体可见表1-2。

表1-2　教育要素流动关涉的资源配置内容

教育要素	资源配置的内容
学生	教师、家庭资源（家庭的流动影响学生的流动）、社区资源、学校资源（校舍资源、财力资源、课程资源、信息资源）
教师	社会公共福利（任职场所的社会福利资源）、工资待遇、发展性资源（职称、进修）等

七、基本框架

本书认为，城乡义务教育一体化发展的关键在于要素的自由流动和资源均衡配置。以往在城乡义务教育均衡发展中对资源配置的关注更多的是在生源和学校相对稳定的状态下探讨的资源配置，属于静态的资源配置，当义务教育发展不均衡碰上城乡一体化发展时，义务教育发展相关的资源配置就有了新的要求，义务教育要素流动的加快改变了过往相对稳定的资源配置环境，需要探讨在要素流动的基础上如何更好地实现资源的均衡配置，适应城乡义务教育一体化发展的需要。基于此，本书认为要素流动与资源配置的互动模式影响了我国城乡义务教育一体化的进程，构建基于要素流动基础上的资源均衡配置机制

---

① 汤林春. 新型城镇化背景下基础教育资源配置研究［M］. 上海：同济大学出版社，2018：11–12.

是推进城乡义务教育一体化的关键。具体观点包括：

第一，城乡义务教育要素自由流动和资源均衡配置互动是城乡义务教育一体化的基本要求和根本动力；

第二，城乡义务教育一体化的阻力来自历史上的要素自由流动限制和资源配置的非均衡；

第三，当前城乡义务教育一体化的主要阻力亦是要素流动的不自由，要素流动不自由的原因在于流动后的资源配置不均衡；

第四，未来推进城乡义务教育一体化的对策在于基于教育要素自由流动的教育资源均衡配置互动政策优化。

围绕研究内容，本书的基本框架见图1-3。

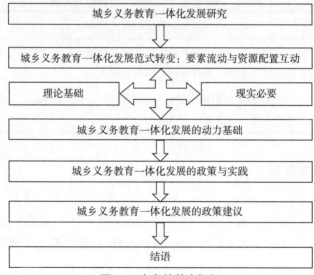

图1-3　本书的基本框架

第二章 城乡义务教育一体化发展的范式转变

城乡义务教育一体化是推动教育公平发展、实现教育现代化、保障人的全面发展的基础。自21世纪以来，国家围绕如何推进义务教育均衡发展开启了一系列探索，在2010年提出构建城乡义务教育一体化体制机制以破除城乡义务教育发展二元结构，缩小城乡义务教育差距。经过近十年的发展，我国城乡义务教育得到了很大发展，但不均衡现象仍然存在。在城镇化、信息化、国际化、现代化的挑战下，城乡义务教育发展的不均衡不平衡正在被"一体化""均衡化"所挑战，教育发展的范式正在变革。这就需要结合新的社会发展现实，去探寻城乡义务教育发展的困难与挑战背后的实质原因。必须要正视的是，城镇化所带来的教育要素在城乡之间的流动，在不同的程度上限制了教育资源均衡配置的政策效用。资源配置不均衡使得我国城乡义务教育发展呈现区域失衡状态，要素是否能够自由流动是影响城乡义务教育一体化水平的重要因素，而要素的自由流动与其所涉及的资源配置又相互影响、相互促进，要素流动需要相应的资源配置，资源的合理均衡配置反过来又会促进要素的自由流动。从要素流动与资源配置互动的角度来考量我国城乡义务教育一体化发展的困境和未来路径是把握城乡义务教育一体化问题实质的一种思路。

一、城乡义务教育一体化发展的理论基础

（一）马克思、恩格斯城乡融合理论

城乡义务教育一体化是城乡关系的下属概念，其发展深受城乡关系理论的影响。马克思、恩格斯关于城乡关系的理论可以为此提供理论依据。

马克思、恩格斯从社会分工的角度探讨了城乡关系，他们认为城乡关系对立是由于社会分工的原因，而且这种对立"只有在私有制的范围内才能存在"①。私有制的实质是，生产要素中的资本、技术掌握在资本家手里，农民的劳动力与其资源的获得不相匹配，产生劳动异化。农民以劳动力流动的方式参与工业生产，但工业生产并没有赋予农民所需要的资源。且随着铁路交通等运输网的建立，工业生产突破地域限制，工业大生产一方面要将生产要素迁移到农村，另一方面要占有农村居民和生产资料，这种发展虽然模糊了城乡的界限，但仅是从城市工业发展需要出发，并没有带来相应的适合农民需要的资源，反而造成乡村农民生活资源如环境资源的恶化以及劳动资源的剥夺。要素流动并没有产生相应的资源配置，加剧城乡对立。但马克思、恩格斯也指出，"城乡之间的对立只有在私有制的范围内才能存在"②。关于城乡要素流动问题的产生原因，马克思、恩格斯认为，城乡生产力发展的不同，造成了城乡要素流动的不均衡，要素流动不均衡带来人的劳动异化，阻碍了人的全面发展。

因此，只有城乡融合，消除农民进入城市后，土地、资本、技术等资源的剥夺障碍，消解劳动异化，才是真正的城乡融合。马克思、恩格斯在《德意志意识形态》中对于未来共产主义社会中人的全面发展的理想生活状态有这样一段描述："在共产主义社会里，任何人都没有特定的活动范围，每个人都可以在任何部门内发展。社会调节着整个生产，因而使我有可能随我自己的心愿，今天干这事，明天干那事，上午打猎，下午捕鱼，傍晚从事畜牧，晚饭后从事批判，但并不因此就使我成为一个猎人、渔夫、牧人或批判者。"③马克思、恩格斯畅想未来的社会的所有生产都是以满足所有人的富足为基础的，所有人共同创造的财富所有人共同享受。恩格斯也强调理想的社会应该能通过创造丰富的资源以及合理配置资源保障所有人自由的生活和流动的需要，马克思、恩格斯指出，在城乡融合的空间共同体内"人终于成为自己与社会结合的

① 中共中央马克思恩格斯列宁斯大林著作翻译局. 马克思恩格斯文集（第9卷）[M]. 北京: 人民出版社, 2009: 313.

② 中共中央马克思恩格斯列宁斯大林著作翻译局. 马克思恩格斯文集（第1卷）[M]. 北京: 人民出版社, 2009: 556.

③ 马克思, 恩格斯. 德意志意识形态 [M]. 北京: 人民出版社, 1961: 27.

主人"①。城乡融合带来了个人自由空间的增加，个人流动性程度增加。

（二）人口流动与资源配置理论

教育中的教师和学生要素流动问题亦属于人口流动范畴。因此，人口流动的相关理论可以为理解城乡义务教育一体化的要素流动和资源配置互动提供借鉴。人口流动理论在20世纪50年代初至70年代中期盛行一时，从70年代中期到80年代中期的10年间，有关人口流动的研究文献寥寥无几，但80年代末以来人口流动理论再度成为研究热点问题，并且开始关注人口流动与经济增长、人口流动、不平等与社会福利、人口流动与人力资本积累、人口流动的迁徙动机和汇款动机、人口流动与劳动力市场政策等②新问题。在关于人口流动的动机研究中，相关的"推—拉理论""成本—效益理论"以及托达罗的劳动力迁移模型可以为此提供解释。"推—拉理论"，认为人口流动受到资源配置的推拉作用，资源富足的地方会成为人口迁移的拉力，而资源不富足和条件恶差是人口流动的推力。"成本—效益"模型认为人口流动会考虑其流动的成本与收益，只有当个人觉得流动的收益大于成本时才会做出流动。正如当前我国乡村有部分教师在综合考虑后不愿流动，也是源于对流动后收益的不确定因素考虑所致。1970年，M. P. 托达罗（M. P. Todaro）与J. R. 哈里斯（J.H.Harris）所建立的托达罗劳动力流动模型指出，农村人口的向城镇性流动主要是受城乡收入差距影响，乡—城之间的预期收入差距越大，农民的向城性流动倾向就越大，这个模型旨在讨论如何通过延缓乡—城人口的流动来缓解城市就业资源配置压力的问题。③人口流动理论揭示出了人口流动对资源获得的期望以及人口流动给城市资源配置带来的压力和挑战问题。人口流动理论研究者R. 卢卡斯（R.E.B.Lucas）在反思托达罗模型的基础上建议在考虑人口流动的因素时应结合城市化的渐进特征，他指出由于每一个人都会选择早一些而不是晚一些向城市迁徙，于是，"随着时间的推移，某一件促使城市成为越来越好的目的地的事情注定会发生"④，这也蕴含着在人口向城性流动过程中，并不一定会直

① 高春花. 城乡融合发展的哲学追问［N］. 光明日报, 2018-10-22（15）.

② 马颖, 朱红艳. 发展经济学人口流动理论的新发展［J］. 国外社会科学, 2007（3）：11–18.

③ 许学强, 周一星, 宁越敏. 城市地理学［M］. 北京：高等教育出版社, 2009：145–147.

④ 马颖, 朱红艳. 发展经济学人口流动理论的新发展［J］. 国外社会科学, 2007（3）：11–18.

接给流动者带来正向的利益，仅仅是因为很多人都向城市流动而使城市成了一个流动目的地所致，而这种流动恰恰又使得城市成了一个好地方。这在义务教育人口的乡城流动中表现更明显，教师的向城性流动中往往是优质教师更容易流向城市，有条件（经济条件、学习成绩等）的学生更容易进入城市学校，在一定程度上使城市义务教育变得越来越好，反过来又加速了义务教育人口要素的向城性流动。

（三）教育公平与资源配置理论

追求城乡义务教育一体化发展不仅是社会经济发展的必要，更源自人类一直以来对教育公平的追求。在国外，古希腊雅典时期的柏拉图就提出了民主平等教育的思想，主张正义是国家最大的善，这是早期教育公平思想的来源。随后，其弟子亚里士多德论述了何谓公平，他主张，在政治上权利的分配应以比值的平等为依据。[①]在当时亚里士多德所生活的社会，他主要是期望全体公平，天生具有平等的地位，应该绝对平等地分享所有权利，大家轮流执政。但无论是柏拉图还是亚里士多德，其代表的都是奴隶主贵族阶级的利益，因此其公平思想也带有浓厚的阶级色彩。17、18世纪，自由、平等、博爱思想成为主流启蒙思想，影响着当时人们的生活和思想，这种思想不仅体现在对平等政治的追求，也反映到教育领域，追求教育公平，但这种教育公平只是为了维护资产阶级利益。这种现象催生了18、19世纪欧洲双轨教育制度。但詹姆斯·科尔曼认为这种教育制度并不是真正的普及教育和教育机会均等，而是为了"维护现存的社会秩序——一个距世袭等级制度只有一步之遥的阶级化制度，建立这一制度的目的是为了防止劳动阶级子女对中产阶级子女的就业构成普遍的威胁"[②]。

20世纪中叶以来，在民主化思潮的影响下，人们对公平日益关注，教育公平问题也成为世界各国发展教育不可回避的主题。联合国1948年12月颁布的《世界人权宣言》将"受教育权"视为一项人权，强调："人人都有受教育的权利，教育应当免费，至少在初级和基本阶段应如此。初级教育应属义务性质。技术和职业教育应普遍设立，高等教育应根据成绩对一切人平等开

---

① 亚里士多德. 政治学 [M]. 吴寿彭，译. 北京：商务印书馆，1983：234.
② 张人杰. 国外教育社会学基本文选 [M]. 上海：华东师范大学出版社，1989：179.

放。"①于是1964年科尔曼在美国基础教育领域就教育普及情况进行了调研，1966年发布了《关于教育机会均等的报告》，在报告中他认为教育公平是人的一种基本权利，所有人都应当拥有同等的机会，但社会阶层的结构影响着社会的教育机会均等的观念。19世纪，在英国人们没有教育机会均等的概念，在美国也并没有真正实现教育机会均等。直到20世纪20年代左右，美国基础教育课程中的"不平等"现象才引起了人们的关注，开始了对教育机会公平的思考和探索。他分析了美国教育机会均等内涵的变迁历程，并强调当前教育机会均等不仅是受教育投入的均等的影响，而且还是由学校的影响与校外的差别性影响的相对强度决定的。换言之，"产出的均等不完全由资源投入的均等决定，还由这些资源对学业成就产生的效力决定"②。这对当前我国推动城乡义务教育一体化有着重要的启示意义。瑞典教育家托尔斯顿·胡森等也认为平等应成为学校和社会政策的目标，主张"教育面前机会均等应被视为教育自身的目的，而不能仅仅将其视为走向社会平等的漫长道路上的一个阶段"③。他认为"平等"对于个体来说有三个含义，首先每个人都有接受教育的机会，不管身处何地；其次，平等应该不论其人种和社会出身情况，都以平等为基础的方式来对待每一个人，政策和法律都应该保障这个平等的机会；最后，教育政策制定和施行应该使入学机会更加平等，进而使学业成就的机会更加平等。胡森认为教育面前机会的平等可以被视为一项目标和一组指导原则，而入学和学业成就上的机会更加平等，则将取得社会经济方面更大的平等。因此，从某种意义上来说，城乡义务教育一体化不仅与城乡经济一体化密切相关，也是教育发展的必然。这是西方关于教育公平的一种认识，即肯定教育公平是人的基本权利，政府和政策应予以促进任何人均等地享有教育公平的权利。而另一种观点则认为应根据学生不同的智力水平分配教育资源，天赋高的学生从社会中获得更多的教育资源，反之亦然。④

我国教育公平的思想源远流长，可追溯到孔子的"有教无类""因材施

---

① 朱家存. 走向均衡[D]. 上海：华东师范大学，2002：27.

② 张人杰. 国外教育社会学基本文选[M]. 上海：华东师范大学出版社，1989：191.

③ 张人杰. 国外教育社会学基本文选[M]. 上海：华东师范大学出版社，1989：193.

④ 高丽. 教育公平与教育资源配置[M]. 北京：中国社会科学出版社，2009：2.

教"，而在实践中政府也一直努力奉行教育公平理念，力求为人民提供公平的教育。"从新中国诞生的第一天起，政府就关注教育平等问题，并将其列为教育政策的重要内容"[1]，宪法和义务教育法都明确规定义务教育是政府必须保障的人的基本教育权利。当前，随着义务教育日益均衡发展，我国对教育公平也赋予了新的含义。这就是不仅要确保公平的教育，更要追求公平而有质量的教育。由此，追求教育发展内涵的质量公平成为当前教育公平的新内容和新诉求。

教育公平理论追求教育机会、过程与结果的公平。而城乡义务教育一体化旨在不仅确保儿童享有公平的教育机会，而且享有教育机会的过程不因城乡而出现差异，努力做到机会享有和使用的过程公平，从而达到结果公平。因此，为进一步推进城乡教育公平发展，就要实现一定范围内城乡义务教育资源的一体化，是更高层次的资源配置效率与公平的兼顾。推进城乡义务教育一体化，并不要求城乡一样化，也不是同质化，尤其在教育公平发展层面，是期待城乡各富特色地发展各自的教育。义务教育是大家必须享有的教育机会，为了确保这个机会能够带来同质的福利，使城乡学生共享有质量的教育，需要有一定的资源支撑，但并不意味着在城乡教育之间所有的资源配置都应一样，这个"不一样"的内涵是什么，实现均等基础上的"不一样"需要什么机制体制，亦是深入推进城乡义务教育一体化发展的关键。截至2018年3月，"全国有2379个县义务教育发展实现基本均衡，占全国总县数的81%"。[2]但《2017年全国义务教育均衡发展督导评估工作报告》显示："当前义务教育学校建设标准不一，少数学校办学条件依然薄弱。城区仍然挤，有的地方领导仍然热衷于集中优质资源变相建设重点校、豪华校，城区大校额、大班额仍然存在。乡村仍然弱，还有一定数量的农村学校和寄宿制学校校舍、功能室等规划不科学，建设标准低，仪器设备及信息化装备滞后。此外，盲目撤销必要的教学点和农村小规模学校，给农村偏远地区孩子上学带来困难；辍学情况重新抬头；一些地方没有把均衡配置教师资源的政策落实到位，优秀校长和骨干教师校际

---

① 朱家存.走向均衡[D].上海：华东师范大学，2002：27.

② 陈鹏.全国超八成县（市、区）义务教育实现基本均衡——优质教育资源覆盖面逐步扩大[N].光明日报，2018-03-01（1）.

差距依然较大等问题突出。"①这就迫使我们不得不思考：为什么经过多年的探索，深刻的体制机制改革、大量的资金投入、全面的资源调配和建设政策并未有效地缓解人们对城市教育的"趋之若鹜"，相反却带来了"城镇挤、乡村弱"的情况？当前影响城乡义务教育一体化的主要因素究竟是什么？新发展阶段应该如何进行政策优化、推进城乡义务教育一体化发展？

二、城乡义务教育一体化发展范式转变的应然性

为什么要对资源进行配置，或者应该如何配置资源呢？这是对资源配置的价值的一种追求，而这种价值追求背后就是资源由谁来配置的问题，资源应如何配置的问题。关于资源配置的价值问题，"有效配置"是资源配置的出发点，资源配置是为了实现资源的最大化利用，在教育作为一种资源配置的过程中，也有着"有效配置"的基点。如何配置教育资源，以实现教育资源最大的效用呢？历史上也有着不同的路径选择。这些不同的路径选择受不同的资源分配价值取向影响。

（一）资源配置价值取向进入多元化阶段

资源配置实现何种正义在不同的发展阶段有不同的价值取向。在20世纪八九十年代主要是效率导向的资源配置，其后突出公平导向，资源分配正义是当前城乡义务教育一体化发展的主要取向。资源分配正义关注教育机会与资源的分配公平，强调国家对于义务教育公共服务的公平分配，以便保障每一个适龄儿童都能有学上，能上学。罗尔斯的正义理论是分配正义的集中代表，其核心理念就是"所有的社会价值（基本善）——自由和机会，收入和财富、自尊的基础——都要平等地分配，除非对其中的一种价值或所有价值的一种不平等分配合乎每一个的利益"②。之于教育来说，教育机会、教育权利、教育资源等在社会群体之间需要公平地进行分配。而对这些如何进行分配，罗尔斯认为

---

① 2017年全国义务教育均衡发展督导评估工作报告［EB/OL］．（2018-02-27）［2019-03-27］.http：//www.moe.gov.cn/jyb_xwfb/xw_fbh/moe_2069/xwfbh_2018n/xwfb_20180227/sfcl/201802/t20180227_327990.html.

② 约翰·罗尔斯.正义论［M］.何怀宏，等译. 北京：中国社会科学出版社，1988：62.

应遵循两条原则：每个人有大致的机会均等，然后进行弱势补偿。①

21世纪初，我国实现义务教育基本普及后，面临着义务教育基础不牢固、质量不高、发展不均衡等三大挑战。发展不均衡包括区域、城乡、校际不均衡，其中最突出的是城乡不均衡，表现为城乡义务教育发展经费投入、学校条件、师资素质等严重的不均衡，城乡义务教育发展差距巨大。为此，国家通过分配正义来维护城乡义务教育资源的分配正义，实现城乡义务教育办学条件的均等。一是大力实施学校标准化建设、"四统一全"、"两免一补"，以期缩小城乡义务教育的硬件和物质条件的差距，满足城乡适龄儿童的义务教育基本需要。同时，注重对适龄儿童教育机会的满足。二是实施乡村学校布局调整，保障乡村儿童就近入学需要。三是保障进城务工随迁子女平等接受教育，按照以流入地和以公办学校为主的"两为主"政策，满足进城务工人员随迁子女在公办学校平等接受义务教育。2019年，全国义务教育阶段进城务工人员随迁子女41427.0万人，比2018年增加2.9万人，略增0.2%，占在校生总人数的比例为9.3%，比2018年略减0.2个百分点；其中，在公办学校就读的比例为79.4%，与2018年持平。②2019年，我国九年义务教育巩固率达到了94.8%。③

应当说，这种追求资源配置标准化的分配正义在城乡义务教育一体化的初期显现明显的政策效果，较短时间实现了城乡义务教育办学条件的均等化，保障了适龄儿童的入学机会，义务教育普及化水平日益提升，但分配正义并不能完全解决城乡义务教育一体化的问题，这一取向较为重视资源配置的同等化和效率问题，也不符合新时代城乡义务教育一体化的发展需要。这是由分配正义本身的逻辑起点所决定的，分配正义"所关心的主要是那些在利益与负担存在稀缺与过重时应如何进行分配的方式问题"④，"教育分配正义有其局

① 约翰·罗翰斯.正义论 [M].何怀宏，等译.北京：中国社会科学出版社，1988：101.

② 2019年全国教育事业发展情况 [EB/OL]. (2020-08-31) [2020-12-25] .http://www.moe.gov.cn/jyb_sjzl/s5990/202008/t20200831_483697.html.

③ 2019年全国教育事业发展统计公报 [EB/OL]. (2020-05-20) [2020-12-25] .http://www.moe.gov.cn/jyb_sjzl/sjzl_fztjgb/202005/t20200520_456751.html.

④ 彼得·S.温茨.环境正义论 [M].朱丹琼，宋玉波，译.上海：上海人民出版社，2007：1.

限性，其只限于可分配的物质资源，对其他资源则无能为力"①。因此，带来了一些问题，比如乡村学校因"改善而消亡"②，城镇教师对乡村教师的"撇脂"③，城市素质教育如火如荼、乡村一心为分，乡村义务教育过度离农向城，贫困山区女子教育受限，乡镇与中心城区师资、教学设备、生源质量差异明显，优势的教育资源多集中在名校等非良性教育生态。④

诸多学者鉴于对罗尔斯分配正义论的批判和人类正义需求的发展提出了新的正义观，有学者就提出义务教育优质均衡应从分配正义转向关系正义⑤，开始关注义务教育系统内部更加隐蔽的正义问题，而在城乡义务教育资源共享层面，有学者也提出了关注教师城乡流动的空间正义问题。⑥这些关于正义的讨论为城乡义务教育一体化提供了多重思考途径，也预示着城乡义务教育一体化无法依靠单一的资源分配理论来进行推进，资源配置正义取向进入多元化阶段，更加强调公平与效率的兼顾。正是在这种意义上，互动才显示出它的理论和实践意义。

（二）城镇化进入以人为核心的发展阶段

城乡义务教育一体化发于城镇化发展的需要，城镇化发展理念的变化深刻地影响着城乡义务教育一体化资源配置。2014年，国务院印发的《国家新型城镇化规划（2014—2020年）》指出我国走"以人为本"的有中国特色的城镇化道路。以人为核心的城镇化是指"以资源高效配置为基础，以人口的自主空间流动为路径，以城乡基本公共服务均等化为体制改革着力点，以可持续发展为底线，全面改善居民生活品质，提升人的基本权利保障水平"⑦。义务教育是人的基本权利，保障人口在自主流动的基础上获得义务教育是以人为本的城

---

① 冯建军.后均衡化时代的教育正义：从关注"分配"到关注"承认"[J].教育研究, 2016（4）: 41-47.

② 单丽卿."因改善而消亡"：标准化建设与农村小规模学校生存困境——基于县域义务教育均衡政策的实践案例[J].中国农业大学学报（社会科学版）, 2019, 36（4）: 33-42.

③ 柳丽娜, 朱家存, 周兴国.县域教师编制动态管理中的"撇脂"现象及其矫正[J].教育发展研究, 2018, 38（2）: 55-61.

④ 杨小微.新时代区域教育现代化发展研究[M].上海: 华东师范大学出版社, 2019: 220.

⑤ 杨建朝.关系正义视域下教育优质均衡的发展图景[J].教育发展研究, 2011, 31（12）: 36-40.

⑥ 尹建锋.城乡教师流动的空间正义及其实现[J].教育研究, 2020, 41（1）: 136-147.

⑦ 党国英, 吴文媛.城乡一体发展要义[M].杭州: 浙江大学出版社, 2016: 13.

镇化发展的基本要义。当前我国已经进入了以人为核心的城乡义务教育一体化发展阶段，以人为核心的城乡义务教育一体化应该包含三层含义：一是义务教育是最基本的公共服务，应为全体人提供这种服务；二是义务教育应能促进人的全面发展，为每个人提供出彩的机会；三是城乡义务教育一体化不仅要个人的全面发展，还应是全体人的平等发展，全体人的共同发展。资源的配置总是要满足社会动态变化的现实需要，总是要以解决某些现实问题为目标，现实环境发生改变后，资源配置的价值取向和范式自然要发生改变。基于低流动社会的资源分配正义已经缩小了城乡义务教育差距，但并没有实现城乡义务教育资源共享的目标，尤其是在高流动、高融合社会下学生的高流动性与资源配置产生了错位，比如，学生主要受市场引导流动，而相关教育资源主要是依靠政府来进行配置或引导流动，学生的高流动性和流动的自由性与资源配置的滞后性和权威性之间产生了矛盾，如何确保实现要素流动与资源配置的公平与有效成为高流动社会下城乡义务教育一体化亟待解决的问题。这就需要构建基于人口流动基础上的义务教育资源配置机制。以往的城乡义务教育关系失衡，主要就是对教育构成要素流动和配置的城乡分割与限制，而随着城镇化和义务教育均衡发展的推进，这种要素流动和配置的二元分割越来越不满足以人为核心的城乡义务教育一体化发展的需要。因此，在以人为核心的城乡义务教育一体化方面，要努力消除义务教育城乡人民享有机会的二元现象，构建以人口流动为基础的义务教育资源均衡配置机制，保障人人流动自由，实现义务教育基本公共服务均等覆盖，进一步完善"两为主政策"，并能切实保障进城儿童与城市儿童享有同等质量的义务教育。

三、城乡义务教育一体化发展新范式：要素流动与资源配置互动

城乡义务教育一体化在城乡一体化的实践和人口流动的双重作用下，逐渐进入政策视野。随着城乡发展融合的日益深入，城乡义务教育一体化发展的社会背景等的变化更彰显出城乡融合发展的程度日益加深，城乡义务教育一体化越来越有必要。要素流动与资源配置已经成了城乡义务教育一体化的基本要求，推进

城乡义务教育一体化的根本目的就是要在坚持义务教育基本享有的权利基础上，通过资源均衡配置、要素自由流动、优质教育资源共享，逐步缩小城乡义务教育发展差距，实现城乡义务教育共同发展，共同进步，这是推进城乡义务教育一体化的基本目标。构建基于要素流动与资源配置互动的城乡义务教育一体化政策体系，加快城乡义务教育一体化资源统筹，确保每一个适龄儿童公平享有义务教育资源，我们必须立足国情，了解社会发展需要，把着力点放在要素流动与资源配置的互动基础上，形成要素流动与资源配置互动的良性机制，具体目标是实现优质义务教育资源的共建共享，城乡义务教育要素流动的合理化，为人的全面发展和社会全面进步发挥义务教育的基础性、奠基性作用。

基于以上理论基础和现实必要性的分析，本书认为城乡义务教育一体化的根本动力在于要素流动与资源配置互动。

"互动"在汉语中是指彼此联系，相互作用的意思。要素流动与资源配置的关系是相互的，而不是单向的。表面上看，似乎资源配置对要素流动的影响作用更大，要素流动总是受制于资源配置，但实际上，要素流动也极大地影响着资源配置的方式，尤其是在要素高流动背景下，资源配置的方式方法如若未能跟进人口流动的需要，则影响资源配置的效率，反过来又会影响要素流动。要素流动与资源配置是相互影响、相互作用的互动关系。人口这一要素与资源的互动对应关系是资源配置的重要范畴。人口流动是形成社会结构的重要动力。社会结构是人们生活的空间，有学者认为社会结构是"行动者在社会互动中形成的相对稳定关系"[1]，在如何形成这种关系中，诸多学者较为关注社会分层对社会结构影响的作用，但对分层结构转型背后的动力机制探讨较少。有学者指出："城乡之间的移民围绕的是信息、资源、收入的交换，实际上改变了迁出地与迁入地的社会结构，形成了两地的新的规则与文化，这迫使两地社会都出现变迁，而很多的变迁是未曾预期的。"[2]根据其生活的情境，英国著名的社会学家安东尼·吉登斯构建了社会结构的二重性来解释社会结构的构成，他

---

[1]　郑杭生，赵文龙. 社会学研究中"社会结构"的涵义辨析 [J]. 西安交通大学学报（社会科学版），2003（2）：50–55.

[2]　Portes A. Migration and Social Change: Some Conceptual Reflections [J]. Journal of Ethnic and Migration Studies, 2010, 36（10）：1537–1563.

认为：社会结构由其外在条件与人的主观意识相互作用形成。城乡社会由二元到统筹再到一体化的结构也是外在条件与人的主观意识相互作用形成的。在城乡社会由二元到一体化的形成中，人的主观流动的意识选择是受到社会经济条件的影响的。按照吉登斯的观念，这种条件就是资源和规则相互作用构成的，他指出："结构是一种被循环反复组织起来的一系列规则或资源，而循环反复纳入结构的社会系统也包含着人类行动者在具体情境中的实践活动，而考察社会系统的结构化过程，意味着探讨诸如此类的系统在互动中被生产和再生产出来的方式。"[①]在此基础上，吉登斯将资源划分为权威性资源和配置性资源，所谓配置性资源是指影响权力生成的物质资源，包括物力、人力及自然性的资源；权威性资源则是指影响权力生成的非物质资源，是控制人的活动的能力。吉登斯认为行动者的行动不仅仅是某些行为的简单组合，而是作出的一种持续不断的选择，行为就是这种选择的结果。选择的依据就是社会结构的规则和资源。"规则有构成性和强制性两种特性，构成性是有序衔接一系列情境与场合的一般化程序，是方法性的；强制性是行动者在社会实践中受正式的法律、制度或非正式的被内化了的规范义务等的控制与约束。"资源是规则得以存在的前提和基础。结构是动态的，这个过程吉登斯称作"结构化"。借鉴到城乡义务教育一体化上来说，城乡义务教育一体化的要素流动受到资源和规则的影响。而要素流动与资源配置之间的作用是动态的过程，这种作用是"互动"。

（一）要素流动影响资源配置

要素流动和资源配置的关系常常被用来解释社会结构变化的情况。关于社会结构与资源配置的作用，最有代表性的观点莫过于前文提到的安东尼·吉登斯的社会结构化理论。他认为社会结构由其外在条件与人的主观意识相互作用形成，齐默尔曼在《资源与世界产业》一书中就指出资源是因为与人类的需求和利用能力产生关联后才得以形成的概念。[②]由此，我们可以看出资源是与人的需要密切相关的，流动是伴随着人的需要改变而发生的，人的流动发生变

---

① 安东尼·吉登斯. 社会的构成——结构化理论纲要 [M]. 李康，李猛，译. 北京：中国人民大学出版社，2016：23.

② Zimmermann E. W. World Resources and Industries: A Functional Appraisal of the Availability of Agricultural and Industrial Materiels（Rev. Ed. ）[M]. New York: Harper & Brothers, 1951.

化，资源配置必然要求发生变化。日本人类学者内堀基光经过研究认为资源配置方式（分配和共享）的不同组合和变化会影响人类社会的结构和转型。[①]

教育中的要素流动特别是人的这一要素的流动并不单纯只是一个人从一个场所流动到另一个场所，人口流动带来很多资源的流动，因为人的生活不是某一个体单纯孤立的独立生活，而是需要很多社会资源，因此人口流动必然影响资源的配置。诸多社会学者对于人口流动的影响因素进行了分析，如布迪厄的"场域—惯习"理论就认为人的惯习（行动）是被结构化的，是客观世界的产物，同时又是促成社会结构化的重要力量，会反过来推动实践活动的产生，他指出："生活方式的排列原则或者说生活方式的形成原则是距离现实世界的不同的客观和主观距离，尤其是物质条件的限制性和实践上的紧迫性。就像作为生活方式的一个维度的审美性情一样……我们不能把某种性情定义为客观的，因为所有性情都是被客观性所内化的，是由生存条件所构成的。"[②]布迪厄强调的是人的行动是主客观条件"同构"的结果。安东尼·吉登斯在反思现代社会风险的基础上提出了与此较为相似的"结构二重性"观点，认为社会的构成是人的主观能动性和社会要素相互作用的结果，而且这种相互作用又是相互循环影响的。

人口流动是社会构成的重要动力，在我国人口流动的动因更验证了这两种理论。这主要是由于我国采取的户籍制度并不单单是一项人口户籍信息登记制度，而是在户籍制度上构建了一个"福利包"[③]，户籍制度上还镶嵌了各种社会福利和公共供给，户籍与就业、社会保障、教育、土地、住房密切相关。城市户籍比乡村户籍拥有更多的福利资源和发展机会，这种福利资源不仅进一步加剧了我国城乡发展的不均衡，更刺激了我国乡村民众的向城性心理和城市人不愿入乡的行为选择，给城乡义务教育发展资源配置带来了制度上的障碍。

人口流动会影响义务教育资源供给安排、义务教育学校布局、教师配备等问题。当前，我国在义务教育资源配置均衡督导评估层面侧重于以人为单

---

① 内堀基光. 资源人类学（第1卷）：资源和人间［C］. 东京：弘文堂，2007：26-27.

② Bourdieu P. Distinction: A Social Critique of the Judgement of Taste［M］. Cambridge: Harvard University Press, 1984: 376.

③ 任远. 当前中国户籍制度改革的目标、原则与路径［J］. 南京社会科学，2016（2）：63-70.

位的指标评价，如2012年1月20日国家出台的《县域义务教育均衡发展督导评估暂行办法》中规定的义务教育校际均衡状况的评估点就侧重于教学用房、辅助用房的生均面积比、体育运动场所的生均面积、教学仪器的生均占有值、计算机数、图书数、生师比、教师职称数、教师结构数等等均是按照一个学校的学生总数来进行的。城镇化背景下人口流动复杂多样，单纯采用某一学校为单位的生均标准予以评价往往带来资源浪费或者资源配置不到位的现象。比如乡村人口外流，生源减少，教师资源富余；城镇生源流入，校园学生数增加，教师资源不足和校舍面积紧张问题。以安徽省芜湖市某区为例，2018年义务教育优质均衡发展监测指标呈现出"每百名学生拥有县级及以上骨干教师数""生均教学及辅助用房面积""生均体育运动场馆面积"的达标率较2017年皆有所下降的态势①，原因在于该区作为市区，外来生源增加，而城市学位供给暂时又未能及时跟上。人口流动带来的生均考核指标治理模式需要重新考量。有研究者研究发现，安徽某市小学的生师比在2005年至2012年一直处于不断下降的状态，教师资源配置显示宽裕的状态，但2012年后该市为了促进城镇化发展，出台各种人才优惠政策，外来务工人员与随迁子女的不断涌入导致该市小学学位数和教师的需求量不断增加，生师比高达18∶1左右，反映出了人口流动对教师资源配置的影响②，而学校数也在发生改变，该市教育局相关数据显示，2016年在册小学225所，初中119所，而2019年该市统计年鉴数据显示小学数为510所，初中340所。③尽管学校数变化受很多因素影响，但其中人口流动无疑是一个不可忽视的重要变量，统计资料显示，自2015年到2019年，该市城镇人口迁入数为701233人④，这不能不影响该市的学校资源配置。

① 2018年芜湖市县域义务教育均衡发展监测报告[EB/OL].（2019-12-04）[2020-02-12].http：//www.wuhu.gov.cn/openness/public/6596321/25059391.html.

② 汤鹏.人口变动对义务教育资源配置的影响研究[D].芜湖：安徽师范大学，2018：16.

③ 合肥统计年鉴2020[EB/OL].（2021-02-25）[2021-03-03].https：//data.cnki.net/area/Yearbook/Single/ N2021020039?z=D12.

④ 合肥统计年鉴2020[EB/OL].（2021-02-25）[2021-03-03].https：//data.cnki.net/area/Yearbook/Single/ N2021020039?z=D12.

（二）资源配置影响要素流动

社会要素流动会影响社会资源的配置，反过来社会资源配置方式亦会影响要素流动。这也是有深刻的理论依据的，最能解释的莫过于人的发展需要理论。马克思认为："人们奋斗所争取的一切，都同他们的利益有关。"[①]人们的生活总是建立在一定的利益基础之上的，利益是人们活动的内驱力，推动着人类的各种活动。马斯洛的需要层次理论也告诉我们，生存是人类最基本的需求。而利益便是人们生存最基本的需要。无论在哪一个历史时期，人们的活动都是建立在能够满足自身的某种需要和利益基础之上的。优质的社会公共资源会增强对人口流动的吸引力，人口外流是基于对更好的公共资源的向往，人口回流也更多的是对乡村美好发展的信心和期望。因此，从这一方面也启示可以通过提高乡村公共资源配置条件来增强乡村的吸引力，确保更多的人愿意留在乡村、回到乡村、走进乡村、建设乡村，为乡村教育发展提供良好的社会基础，从而缩小城乡义务教育差距，推动城乡义务教育一体化。联合国教科文组织2013年指出，城乡之间的传统界限越来越模糊，当前人们生活、工作和消费的地方主要包括城市和农村地区，它们在经济、人口和环境方面的联系越来越密切。政府面临的挑战是如何管理这些跨越不同行政边界和政策领域的相互作用，如果管理得当，城乡互动可以帮助改善服务提供，并增加人们的发展机会和生活质量。[②]2019年国家颁发的《关于促进劳动力和人才社会性流动体制机制改革的意见》指出，"建立健全城乡融合发展体制机制和政策体系，推进新型城镇化建设和乡村振兴战略实施，引导城乡各类要素双向流动、平等交换、合理配置"[③]，为城乡社会人口流动提供了更为畅通的机制体制，也强调了应随人口流动建立相应的公共资源配置机制体制的必要性。当社会的融合日益加深之时，人类的生活活动必然也会更加融合，良好的社会基础为城乡义务教育

① 中共中央马克思恩格斯列宁斯大林著作编译局. 马克思恩格斯全集(第1卷)[M]. 北京: 人民出版社, 1956: 82.

② OECD. Rural-Urban Partnerships: An Integrated Approach to Economic Development[EB/OL]. OECD Publishing, 2013: 3.http: //dx. doi. org/10. 1787/9789264204812-en.

③ 中办国办印发《关于促进劳动力人才社会性流动体制机制改革的意见》[EB/OL]. (2019-12-27) [2020-03-02]. https: //baijiahao. baidu. com/s?id=16540827231895879l9&wfr=spider&for=pc.

一体化提供了基础，也要求城乡义务教育必须一体化才能适应当前社会人口生活范式的变化。

当前，在城乡义务教育一体化发展中，很多国家包括我国也通过向乡村学校资源配置倾斜，改善乡村学校条件，营造乡村温馨校园，吸引乡村人口回流。日本通过公共资源向偏远地覆盖，提升了偏远地区小规模学校的活力，提升了儿童和乡村的生命力；我国漠河市北极镇中心学校积极利用大兴安岭的森林、冰雪、文学等地域资源，建设"乡村少年宫"，改革学校课堂教学，打造了墨香校园、书香校园、版画校园，在地域连携上也走出了自己的特色，成功留住了乡村生源。

要素流动和资源配置互动具有双重的逻辑。从一定意义上来讲，城乡义务教育一体化的要素流动是以区域间不平等以及由此而产生的依附关系为杠杆的。这意味着，义务教育中人力要素的流动亦如人类的流动一样建立在不平等的基础之上。这种不平等并非个体意义上的不平等，而是区域的不平等，亦即个体生存于其中的自然环境与社会环境的不平等。区域的不平等，导致不同的自然环境和社会生活环境之间形成依附关系密切。区域的不平等为教育要素中的人力流动提供了一种强大的推动力。这是一种自发的力量，这种自发的力量是如此的强大，以至于任何人为的设计，如果不辅之以强力，则无以抵消这种自发流动的力量。而这种强力就来自资源的均衡配置。资源配置方式实际上是一个国家治理方式的表现。在改革开放以前很长的一段时间内，我国主要采用的是地域倾向的资源配置方式，主要表现为城和乡两种不同的资源配置标准。与城乡义务教育一体化相关的教育资源主要包括校舍、设施设备、师资和图书等四种资源。教育硬件资源有可流动的，比如设施设备（电脑、网上资源、实验仪器）、图书等。在教育资源配置与教育发展上，郭丹丹（2019）运用历史发生学的方法研究揭示出教育不平等的形态包括关系层面的不平等和资源分配意义上的不平等，而当前资源分配意义上的教育不平等问题更加突出[①]。这种资源分配意义上的不平等指的是关注义务教育外在的机会均等，而真正基于人口要素流动的优质义务教育资源配置却存在困难，尤其表现在城市务工子女平

---

① 郭丹丹. 教育不平等的发生机制研究 [D]. 上海: 华东师范大学, 2019: 3.

等享有城市公办义务教育资源的机会上。基于人口流动的资源配置是消解新型教育不平等的关键，阻断义务教育不均衡带来的人口流动不自由的重要保障。

四、小　结

城乡义务教育一体化的本质要义在于城乡义务教育要素的平等自由流动与资源的均衡配置。尽管当前城乡一体化发展的理念已经在较大范围内深入人心，但是总体上中国城乡二元分割的局面并没有完全消失。城乡经济收入差距仍然较大，2019年，中国城乡居民人均可支配收入之比为2.64：1[①]，高于1985年的城乡居民收入比1.86：1。此外，由于城乡基本公共服务保障体系并未完全均等化，城乡基本社会保障也存在很大差异。城市仍然是民众心中相对理想的生活场所，虽偶有感怀"乡愁"，但大多数人在选择生活的场域之时，仍然存有较大的向城性心理。这一点在学生流动上表现得较为明显。当前，乡村很多学校的空、小、薄、弱多是由于生源外流所致。生源的外流多是自发性的外出务工或追求高质量的教育所致，具有自发性。而教师流动的动力机制却多是由政府行为所带来的强制性分配和流动。由此就造成了乡村教师资源浪费或城乡教师资源未能统筹协调规划。带来乡村生师比高于城市生师比的现象，引发结构性资源浪费。义务教育的理念是不让一个儿童掉队和落后，其根本宗旨就在于不管儿童身处何地，必须为其提供义务教育，城乡义务教育的对象就是城乡的适龄儿童，不管儿童在城、在乡都应为其提供适切的义务教育方是义务教育的根本理念。城乡义务教育一体化发展有三个基本要求：第一，确保城乡适龄儿童人人平等享有义务教育；第二，实现城乡义务教育资源之间的共建共享共生；第三，努力促进义务教育高质量发展，为所有儿童的未来发展奠定坚实的基础，促进其全面自由发展。流动不仅是当前城乡经济社会一体化的基本表现，也是城乡人民一种基本的生活方式，在流动社会下，如何为每个儿童提供适切的义务教育，则是资源配置的问题，义务教育要素流动与资源配置是相互作用、相互影响的关系。本书试图结合我国当

[①]　魏后凯，李玢，年猛．"十四五"时期中国城镇化战略与政策［J］．中共中央党校（国家行政学院）学报，2020（4）：5-21．

前义务教育发展的实际挑战和义务教育的本质特征，从"要素流动与资源配置互动"的视角来分析我国城乡义务教育一体化的动因和政策优化路径。本书认为在城乡义务教育一体化发展中，要以教育人口要素流动与资源配置互动关系为基础，构建要素流动与资源配置良性互动的体制机制，进一步推进城乡义务教育一体化高质量发展，切实满足人民对美好教育的需求，切实发挥义务教育促进人的自由全面发展的价值。

概言之，城乡义务教育一体化对推进义务教育均衡发展具有重要意义，它与义务教育均衡发展有着怎样的联系与区别，这需要对城乡义务教育一体化的发展演进历程进行清晰的梳理，并分析出发展演进的若干特征。对城乡义务教育一体化政策演进的历程和政府推进的措施进行过程的梳理和演进特征的深入分析，有助于我们探明城乡义务教育一体化的实践逻辑，推动城乡义务教育一体化政策和路径创新。当前诸多关于城乡义务教育一体化发展动因的研究多基于教育机会的获得角度来考量，侧重于对教育机会保障的关注。但随着教育内涵公平追求的日益增进，推进教育质量公平不仅仅是给予同等的教育机会，再加上城乡一体化中教育要素流动给机会的配置以及资源的配置都带来了挑战，人们也逐渐意识到资源配置对于城乡一体化发展和义务教育质量提升的重要影响作用。这就需要引入新的解释框架。因此，从要素流动和资源配置的视角来解释当前我国城乡义务教育一体化的困境和未来发展路径有着现实的必要。

第三章　城乡义务教育一体化发展的动力基础

为所有人提供适切而公平的教育一直是我国政府追求的目标。自新中国成立以来，国家通过确立义务教育基本制度、普及义务教育等举措落实人的基本教育权利，为人的全面发展提供保障。新发展阶段，城乡社会的高度融合与流动、综合国力的增强、物质文化的丰富和人民精神生活的追求以及高质量教育体系建设比以往任何时候都需要建设高质量义务教育体系。城乡义务教育一体化是义务教育高质量发展的逻辑必然，也是实现教育现代化，满足人民群众美好教育需要的重要保障。当前，快速发展的城镇化、国民经济发展水平的提升以及教育质量的提高给城乡义务教育一体化高质量发展提供了强大的动力。

一、高流动成为城乡义务教育一体化发展新的社会背景

城乡义务教育一体化是一项重要的教育发展战略和政策。教育政策的影响因素有很多，但其中最重要的是生源因素，这是由教育的基本规律决定的。人是教育的基本要素，人的因素发生改变必然会引发教育政策的改变。20世纪70年后期，国家在经济领域实行改革开放政策，改革开放政策不仅影响人们的经济思维和经济行为，更重要的是影响了人们的生活思维和生活行为，最重要的一点是城乡人际交往开始产生松动。这种变化会带来社会对人的素质的新的期望与要求，对人的能力和素质要求的变化引发对教育的改革，从而使得相关的教育决策和教育管理模式发生转变。我国城乡义务教育发展也深受社会生源流动的影响。

（一）快速城镇化推动了生源要素流动

城镇化是城乡义务教育一体化发展的社会基础。我国城镇化发展相较发达

国家虽然相对滞后，但是步伐却稳健有力。2000年10月，党的十五届五中全会审议通过的国家"十五"计划明确了"我国推进城镇化条件已渐成熟，要不失时机地实施城镇化战略"①，我国城镇化建设正式拉开序幕。随后，党的十六大报告、十七大报告对城镇化发展都做了明确指示，进一步推动了我国城镇化的发展。2019年，我国常住人口城镇化率超过60%（如图3-1），预计到2025年，中国城镇化率将到65.5%，保守估计新增农村转移人口在8000万人以上。②城镇化发展一个显著的标志就是城乡人口流动和交往日益复杂。《国家人口发展规划（2016—2030年）》预计未来我国城乡人口流动将日益活跃，城市群层面的人口聚集密度将会越来越大。人口是影响义务教育资源配置的重要因素，促进人的发展和促进人口合理流动亦是义务教育发展的重要目标。快速城镇化发展给义务教育发展提供了良好的经济基础，但也带来了更复杂的环境。

图3-1　2015—2019年我国常住人口城镇化率

在城镇化的推动下，学校、学生"城镇化率"也有所增长。全国教育事

---

① 中华人民共和国国民经济和社会发展第十个五年计划纲要［EB/OL］.（2007-09-12）［2019-01-31］. http: //ghs. ndrc. gov. cn/ghwb/gjwngh/200709/P020070912634253001114. Pdf.

② 魏后凯，杜志雄. 中国农村发展报告2020［M］. 北京: 中国社会科学出版社，2020: 4.

业统计数据2019年显示，2010年到2018年这十年间，我国进城务工随迁儿童在义务教育阶段的就学规模由1167.17万人升至1424.04万人，城区中小学数也逐年增加（见图3-2①），《中国农村教育发展报告2019》显示仅2013年至2017年，城区学校数就增加了0.1万所。调研走访安徽全椒县，发现随着大批农村人口进城，2018年，全椒县域范围内义务教育阶段农村学生仅占全县学生总数的24%，这些都造成了城市学位资源紧张，而乡村资源又较为富裕的情况，仅教师资源来说，据全椒县"十三五"教育事业发展总结报告显示，在城镇化背景下，教师工作量严重不均衡，2018年该县义务教育阶段占全县教师数65%的农村教师只承担着24%的工作量，而占全县教师总数35%的县城教师却承担着76%的工作量。这一切都需要资源进行重新整合和优化。这种情况会愈演愈烈，《中国农村发展报告2020》甚至预测2025年我国城镇化率可能会达到65.5%，这将意味着未来5年会有0.8亿的农村人口转移至城镇。城市义务教育资源越来越紧张，资源配置压力巨大，亟待调整资源配置思路。

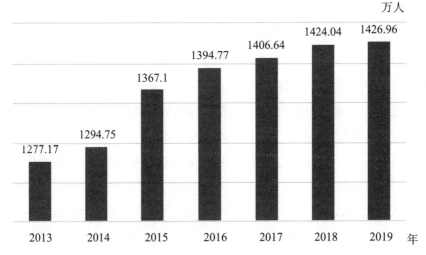

图3-2　2013—2019年我国进城务工人员随迁子女义务教育学校就学人数图

（二）户籍制度改革加速了生源要素流动

城乡一体化发展的障碍因素中最重要的一点是我国自20世纪50年代后期实行的户籍制度，户籍制度将人与特定的生活空间和生活资源结合起来，并

---

① 根据《中国农村教育发展报告2019》及2018、2019年中国教育事业发展统计公报绘制。

限制了人们流动的范围，进而造成了城乡的分隔。一切资源一切政策也是因人而定，被城乡空间限制的人，与其相关的政策和资源自然也会被分隔成城乡两部分。因此，在很长一段时间内，我国城乡发展处于不同的政策体制之下，获得资源的平等性也不尽相同。中共十八届三中全会指出，制约城乡发展一体化的主要障碍是城乡二元结构，其中最重要的就是户籍制度所带来的身份限制。1958年的《中华人民共和国户口登记条例》，我国根据地域和家庭成员关系将户籍属性划分为农业户口和非农业户口，对农民进入城市、城乡间人口的流动作出了明确限制。再加上当时国内分配制度的计划性，附着在户口制度之上的粮油供应、劳动就业、医疗保健、教育、福利等多项制度之于城市户口的倾斜，在城乡之间人为地构筑了一道二元对立的高墙，严重影响了城乡教师之间的流动和编制的共享。

改革开放以后，随着经济体制的变革，社会生产关系的变化，极大地影响了人民的生活方式和迁移习惯，人民生活的流动性日益增强，原先的户籍管理制度已经不再适应当前国家人口管理和社会服务的需要，户籍制度改革也在不断探索中。2014年，伴随着城镇化的发展以及人口流动的日益频繁，国务院印发了《关于进一步推进户籍制度改革的意见》，明确提出："取消农业户口与非农业户口性质区分和由此衍生的蓝印户口等户口类型，统一登记为居民户口，还要建立与统一城乡户口登记制度相适应的教育、卫生计生、就业、社保、住房、土地及人口统计制度，逐步实现城乡居民平等享有公共服务和社会福利待遇。"[①]尽全力剥离过去附着在户口上的福利差别，实现基本公共服务均等化，切实体现"以人为本"，人人平等。

进入21世纪以来，国家为缩小城乡差距，出台了诸多住房和就业保障政策，促进了农民进城。2001年，《中华人民共和国国民经济和社会发展第十个五年计划纲要》指出："要打破城乡分割体制，逐步建立市场经济体制下的新型城乡关系，改革城镇户籍制度，形成城乡人口有序流动的机制，取消对农村劳动力进入城镇就业的不合理限制，引导农村富余劳动力在城乡、地区间有

---

① 黄明. 权威访谈：一项助圆亿万人市民梦的重大改革[EB/OL]. (2014-07-31) [2017-10-14]. http://www. gov. cn/xinwen/2014/07/31/content_2727405. htm.

序流动。破除地区封锁、反对地方保护主义，废除阻碍统一市场形成的各种规定。坚持城乡统筹的改革方向，推动城乡劳动力市场逐步一体化。"[①]2021年1月，中办、国办印发《建设高标准市场体系行动方案》，提出试行以经常居住地登记户口制度的户籍政策，并要求有序引导人口落户，为非户籍人口提供更为公平的服务，这将进一步推动城乡人口的交流与互动。如果说户籍制度松动所带来的教育要素中人的流动推动了城乡义务教育一体化发展，那么在此基础之上的人口流动也给城乡义务教育一体化带来了新的课题。我国人口流动方向日益多元。当前，我国人口流动呈现三种样态：第一种是"乡村人口外流入城市"，包括弱贫地区人口向发达地区流动，带来的是进城乡民子女教育问题和城市居民与进城乡民子女的融合问题，也包括乡民留守在家的儿童的教育问题，同时还有乡村优秀教师外流入城市学校带来的文化融入和教学适应性问题；第二种是"外来人口流入乡村"，这里包括进入乡村的各种援建人员（支农、支教、扶贫专项工作人员等），这类人群所带来的文化对乡村本土文化的冲击与融合问题，也会影响乡村教育的价值观和教育方式；第三种是"乡村外出人口回流"，乡村回流人员给乡村经济发展和教育发展所带来的影响，以及乡村回流人员子女的教育问题。这些新的问题并不单单是"城镇挤""乡村弱"的问题，更验证了城乡义务教育一体化需要考虑人口流动问题。

（三）城乡公共交通便利了生源要素流动

人口流动需要工具，当前日益发达的城乡公共交通局域网为城乡人口流动提供了便捷的环境。一是城乡路上交通四通八达。2013—2015年全国乡村道路建设迅速，道路建设长度逐年增加，2013年为228.0万千米，2014年为234.1千米，2015年239.3千米。2016年国家发改委又联合交通运输部、国务院扶贫办印发《关于进一步发挥交通扶贫脱贫攻坚基础支撑作用的实施意见》，大力推进交通网络双百工程建设。截至2016年底，百万公里农村公路建设工程平稳实施（见表3-1[②]、表3-2）。旧时农村"无风三尺土，有雨一身泥"，现在是

---

① 中华人民共和国国民经济和社会发展第十个五年计划纲要［EB/OL］．（2001-03-15）［2019-01-31］．http://www.npc.gov.cn/wxzl/gongbao/2001/03/19/content_5134505.htm.

② 中国城乡建设统计年鉴2017［EB/OL］．（2018-05-09）［2019-01-31］．http://www.mohurd.gov.cn/xytj/index.html.

公路纵横交错，农村公交实现了"乡乡通"。尤其是对于一些山区，更是改变了过去"这山看不见那山"的闭塞状态，城市人进入乡村、乡村接近城市成为可能，不再是"一山隔一山，两眼黑茫茫"了。

《国家新型城镇化建设规划（2014—2020）》更是提出"到2020年，普通铁路网覆盖20万以上人口城市，快速铁路网基本覆盖50万以上人口城市；普通国道基本覆盖县城，国家高速公路基本覆盖20万以上人口城市；民用航空网络不断扩展，航空服务覆盖全国90%左右的人口"[①]。如此宏伟庞大的交通网络必将改变城乡居民的生活方式，促进城乡人口之间的流动，这种流动必然产生不同的教育资源需求，进而带动教育资源配置改革。

表3-1 2011—2016年全国村庄基本情况

年份	村庄统计个数（万个）	村庄现状用地面积（万公顷）	村庄户籍人口（亿人）	本年建设投入			道路长度（万千米）	桥梁数（万座）
				（亿元）	住宅	市政公用设施		
2011	266.9	1373.8	7.64	6204	3773	1216	—	
2012	267.0	1409.0	7.63	7420	4312	1660	—	
2013	265.0	1394.3	7.62	8183	4898	1850	228.0	
2014	270.2	1394.1	7.63	8088	5020	1707	234.1	
2015	264.5	1401.3	7.65	8203	5059	1919	239.3	
2016	261.7	1392.2	7.63	8321	5045	2120	246.3	
2017	244.9		7.56	9168	5271	2529	285.3	

表3-2 全国乡镇、村交通设施建设情况

乡镇、村交通设施建设	单位：%
有火车站的乡镇	8.6
有码头的乡镇	7.7
有高速公路出入口的乡镇	21.5
通公路的村	99.3
村内主要道路有路灯的村	61.9

---

① 国家新型城镇化建设规划（2014—2020）[EB/OL].（2016-05-05）[2019-11-09].http://ghs. ndrc. gov. cn/zttp/xxczhjs/ghzc/201605/t20160505_800839. htm.

二、教育战略地位提高是城乡义务教育一体化发展的政治保障

我国的教育发展有着深厚的政治路径依赖基础，与国家的教育发展战略有着密切的关系。国家之于教育发展定位的判断，会深刻地影响城乡义务教育发展的战略定位和人才培养的方式。2018年全国教育大会上，习近平总书记提出了"教育是国之大计、党之大计"的重要论断，对教育特别是义务教育在全面建设社会主义现代化国家中的基础性、全局性、先导性地位和作用作出了充分肯定，为新发展阶段城乡义务教育一体化发展指明了方向和道路。

（一）党对教育事业发展的领导地位愈发牢固

中国特色社会主义事业发展的历史和经验决定了中国共产党是中国特色社会主义各项事业发展的根本保证，高质量发展义务教育是中国特色社会主义事业的重要任务，事关国家幸福、民族振兴、社会进步和人民幸福、全面建成社会主义社会，需要坚持党对城乡义务教育一体化发展的领导地位，习近平总书记强调："加强党对教育工作的全面领导，是办好教育的根本保证。"[1]

加强党的领导地位才能保证城乡义务教育一体化发展地位不偏颇，加强党对城乡义务教育一体化的全面领导，才能满足人民美好教育的需求，才能保证义务教育立德树人目标实现，营造良好的义务教育生态，确保人人都能公平地享有优质的义务教育，使人人获得"有助于他们成人阶段的生活圆满成功的能力"[2]，成就幸福人生，确保义务教育发展成果人民共享，人民共有。

（二）义务教育发展以人民为中心愈发明显

教育转向国之大计、党之大计的定位，不仅是教育战略地位的改变，更是教育发展观念的转变，教育发展观的转变必然会深深影响我国教育政策的定位。新中国成立之初，教育被定位于服务生产力发展、服务国家经济发展的从属地位，因此，在国内资源有限的情况下，只能集中有限的资源到有限的学校，甚至还要借助乡村资源去推动城市经济快速发展，去快速培养符合城市发

---

① 习近平.论坚持党对一切工作的领导[M].北京:中央文献出版社，2019:277.

② 联合国教科文组织.教育——财富蕴藏其中[M].北京:教育科学出版社，1996:105.

展要求的人才，使得这一时期政策扶持的重点偏向城市，而追求现代化的热情也使得城市和乡村的"二元结构论"成为当时人们所接受的观念。[①]作为培养人才主要来源的教育被划分为城市教育与乡村教育，优先发展的重点也被放在了城市教育部分，造成了城乡教育发展的不同步、不均衡。

教育国之大计、党之大计的地位不仅强调了教育对社会发展、国家建设的重要作用，更体现了国家以人民为中心的执政理念和追求，只有将教育放到国之大计、党之大计的地位上，才能更好地体现教育以人民为中心，关注民生问题。城乡义务教育发展的非一体化，影响教育公平的水平，影响人的公平发展。近些年来，随着社会发展以及人们对公平正义的追求，党和政府更加关注民生，促进社会公平正义，努力做到"五有"，即"使全体人民学有所教，劳有所得，病有所医，老有所养，住有所居"。党的十七大报告中，胡锦涛强调加快推进以改善民生为重点的社会建设，并提出了六点基本要求，深刻地揭示了"改善民生"与"促进社会公平正义"之间的内在关系。作为国计民生的教育不仅担负着满足民生的教育需要的任务，还承担着公平地满足民生教育需要的责任。2017年，党的十九大报告明确指出中国特色社会主义进入了新时代，社会的主要矛盾发生了新的变化，解决社会主要矛盾需要实现人民对美好教育的需要。但是，城乡教育发展的不平衡不充分严重影响了人民享有教育发展成果的公平性。义务教育是每个适龄儿童应尽的义务，也就是说义务教育的机会已经通过法律形式赋予了所有儿童，但是机会享有的质量需要相关的配套资源予以保证。因此，为进一步推进城乡义务教育均衡发展，就要实现一定范围内城乡义务教育资源的一体化。

（三）义务教育发展的人本理念愈发突出

人是国之基础、党之基础，教育国之大计、党之大计地位的确立更强调义务教育应以人为本。人的发展是我国城乡义务教育一体化的根本。众多先行研究表明，城乡义务教育一体化诱发于城乡一体化经济和社会的发展。实际上，作为教育，它必须以人的发展为需要，教育是具有人文性的，教育发展

---

① 汤爽爽,孙莹,冯建喜.城乡关系视角下乡村政策的演进：基于中国改革开放40年和法国光辉30年的解读 [J].现代城市研究,2018(4)：17-22,29.

应合乎人性。教育自一开始无任何区域性、阶级性，为了生存、生活，年长的人向年幼的人传授基本生活技能，就是早期的教育。人的发展是教育的根本目的，无论这个人身处城市还是乡村，他都有发展的权利，都应受到恰当的教育。在围绕城乡义务教育一体化的研究中，我们过多从城乡社会的整体角度来探讨如何推进城乡教育融合发展的问题，忽视了人是构成社会的主要因素，人的行动对社会结构产生着重要的影响。义务教育发展中人的要素的流动根本上是教育发展不平衡、不充分的结果，也意味着教育资源配置不均衡、不充分。概言之，城乡义务教育一体化从社会学角度来说是对以人为本的城镇化的回应；从政治学角度来说是党执政为民理念的落实；从教育学的角度来说是满足人的美好教育需要的重要途径，是以人的发展和需要为出发点的。新发展阶段，基于人口要素流动基础上资源配置均衡的城乡义务教育一体化正是这些思想的综合体现和现实需求。城乡义务教育一体化，作为一种"项目"，一种理念，是在实践中加以贯彻和实现的。它已经不是简单的城乡的空间一体化，而是伴随着更深刻的观念一体化、制度一体化。空间的一体化在当前的科学技术条件和人口流动下已经不成问题，但是观念和制度的一体化却是十分不容易的，尤其是教育领域。"人类社会进步有其普遍规律和普遍认同的标准，而这些标准又总是随着历史的发展而不断变化的，但其宗旨始终指向人的发展，社会是实现人自身以人的方式生存和发展的基础，社会进步的尺度与人自身的自由全面发展的尺度是内在统一的，社会进步与自身的经济、政治、思想、心理、本能的解放进程是同向的。"[1]教育国之大计、党之大计地位的确立实际上是党执政为民的思想的集中体现，执政为民，办教为民，人们流动的需要就是党教育资源配置的基本依据。

三、经济水平提升为城乡义务教育一体化发展奠定了经济基础

"实现社会公平正义是由多种因素决定的，最主要的还是经济社会发展

---

[1]　杨岚，张维真. 中国当代人文精神的构建[M]. 北京：人民教育出版社，2002：106.

水平。"[①]同样，我国的城乡义务教育一体化逐步深入也得益于经济水平提升的支持。2021年政府工作报告显示，"十三五"期间，我国经济发展势头良好，增速平稳，从2016年到2021年，国内生产总值"从不到70万亿元增加到超过100万亿元"[②]。国家经济基础的提升不仅仅是国家某个群体的经济收入提升，而是全民经济收入的提升，在国家总体经济发展良好态势的影响下，人民经济收入有了显著提高，乡村民众生活得到改善，有了进城买房、进城陪读、进城务工的物质基础，这些都带来了新的流动需要，另一方面，经济发展水平的提升使得义务教育经费能够多年保持在4%左右，对于促进义务教育特别是乡村义务教育学校发展有了雄厚的经济保障，同时，经济水平发展以及提升需要向乡村寻求生产要素，推动了乡村振兴，这些又有利于稳定乡村人口，引回外出的乡村人口，引起外流—回流的双向循环人口流动，促进了城乡义务教育一体化的深度融合和深度发展。

（一）人口流动的经济基础得到保障

国民经济发展低水平期，尽管经济的地区差距会促使经济落后地区人口向经济发达地区流动，寻找就业和物质改善机会，但受限于户籍制度的人口福利等问题，人口流动的家庭涉及面较窄，家族式流动较少，尤其是青少年儿童随迁比例较小，因此，流动人口问题未上升为主要教育问题。随着国民经济发展水平的提升，一方面，国民收入得到增加，特别是农村居民人均收入明显增长，使得很多乡村民众有能力为了自己美好的教育选择流动，比如进城陪读或者通过购买城市商品房改变学籍，进入城镇学校学习。另一方面，国民经济的发展，推动了各行各业产业的发展，产业发展需要就业工人，特别是一些城市基础设施、公共服务层面需要许多就业工人，为乡村民众进入城市就业提供了很多就业机会，吸引了很多农村劳动力进入城市务工，因此，也催生了现在家族式的进城，带来进城务工人口子女教育需要问题。中国教育发展统计公报显示，2019年我国义务教育在校生中有1426.96万人是进城务工人员随迁子女，

---

① 习近平. 切实把思想统一到党的十八届三中全会精神上来[M]//十八大以来重要文献选编（上）.北京：中央文献出版社，2014: 553.

② 2021年政府工作报告[EB/OL].（2021-03-12）[2021-03-12].http://www.xinhuanet.com/politics/2021lh/2021/03/12/c_1127205339.htm.

比2018年增加了2万多人。

（二）教育发展的经费投入得到保障

教育是一种基本公共服务，公共服务水平的提升有赖于优越的经济基础。"实现社会公平正义是由多种因素决定的，最主要的还是经济社会发展水平。"①城乡义务教育一体化不仅是个"锦上添花"的工程，也是个"补缺补差""雪中送炭"的事业，而这一切均需要强大的经济实力予以支撑。国家统计局网站数据显示，改革开放以来，我国在世界经济发展总量中的比重逐年提升，据国际货币基金组织数据计算，2020年，尽管面对疫情对世界经济发展的冲击，我国经济仍然保持了一定的增长，我国国内生产总值为101.6万亿元，这一切都与我国改革开放以来经济发展的稳步提升相关，经济实力的显著提升，为国家各行各业的发展奠定了良好的经济基础，教育投入不断增加，教育发展蒸蒸日上。1991—2019年，全国教育经费总投入由1991年的732亿元增长到2019年的50178.12亿元，"国家财政性教育经费占GDP比重自2012年以来，连续六年保持在4%以上的承诺为我国教育发展奠定了雄厚的经济基础。"②这使得国家有足够的财力支持教育发展。教育的办学水平、办学规模、师资队伍、基础设施、教育管理、教学质量都发生了翻天覆地的变化，城乡教育发展日渐均衡，乡村教育办学条件得到极大改善，"'一无两有''六配套'，最好的房子是学校"是当前乡村学校的基本写照。不仅如此，2018年国务院办公厅专门出台《关于进一步调整优化结构提高教育经费使用效益的意见》，强调要在义务教育领域全面建立基于人口流动的动态调整的生均拨款制度，深入落实义务教育保障制度。

（三）乡村振兴的经济支持得到保障

城乡义务教育一体化的难点和薄弱点在乡村，历史原因带来的乡村发展的薄弱影响了城乡义务教育的均衡发展。城乡义务教育一体化的关键在乡村义务教

---

①　习近平.切实把思想统一到党的十八届三中全会精神上来[M]//十八大以来重要文献选编（上）.北京：中央文献出版社，2014：553.

②　服务业在改革开放中快速发展　擎起国民经济半壁江山——改革开放40年经济社会发展成就系列报告之十[EB/OL].（2018-09-10）[2019-01-31].http://www.stats.gov.cn/ztjc/ztfx/ggkf40n/201809/t20180910_1621829.html.

育质量的提升，乡村义务教育的发展有赖于乡村社会的整体发展。在党的十九大报告中，习近平总书记提出坚持农业农村优先发展，实施乡村振兴的战略。2018年，国家印发《乡村振兴战略规划（2018—2022年）》，明确提出"优先发展农村教育事业""全面改善贫困地区义务教育薄弱学校基本办学条件""加强寄宿制学校建设，提升乡村教育质量"，开启了乡村振兴和乡村义务教育学校发展的新局面。乡村振兴战略作为全面建设社会主义现代化强国的国家级七大战略之一，是推进以工促农、以城带乡，实现城乡融合发展的重要途径，亦是缩小城乡差距、促进乡村发展的重大举措。这一战略的实施对于加强乡村社会基础设施建设、加快乡村经济社会发展和优化乡村社会环境有着积极的意义，也为城乡义务教育一体化提供了坚强的"后盾"。乡村振兴战略实施，乡村经济得到了极大的发展，乡村义务教育发展的社会条件有了极大改善。

一方面，从办好乡村教育自身来说，稳定了乡村教育的构成要素。一是稳定了乡村义务教育的生源，通过大力发展乡村企业，改善乡村务工条件，增加乡村务工机会，留住了乡村劳动力，缓解了大量乡村儿童随父母进城务工带来的城镇学校拥挤的现象，以及城镇教育负担重压力大的现象。二是留住乡村人口，改善乡村人文文化，活跃乡村自然文化，给乡村带来了"人气"和活力，有助于吸引优秀师资进入乡村、留在乡村，为乡村教育发展注入动力。三是优化了乡村义务教育发展的媒介因素。乡村振兴战略涉及经济、交通、文化、基本公共服务等基本设施的保障，改善了乡村义务教育发展的社会条件。另一方面，从城乡义务教育融合发展来说。乡村振兴促进了城乡经济社会的融合，为城乡义务教育一体化提供了良好的社会环境。义务教育发展要抓住乡村振兴的大好机会，积极推进城乡义务教育一体化。

四、高质量教育体系建设是城乡义务教育一体化发展的教育基础

（一）义务教育发展实现了量的基本均衡

教育发展会受到政治经济的影响，但也有自身能动的发展规律。城乡经济社会一体化及社会公平的发展，推动了教育领域公共政策的范式转化，使政

府决策层意识到要改变城乡教育发展格局，建立城乡一体化的教育发展模式，义务教育的基础性、先导性、全局性要求义务教育城乡无差距。从历史来看，教育存在差距是教育发展的常态，但当教育差距成为教育差距进一步拉大的直接原因，就说明这种差距已经濒临教育发展的临界点。①

随着对教育差距的关注与反思，消除教育差距成为国家决策的重点，教育均衡发展作为教育发展的定位和目标被写入教育发展战略目标和基本理念。2002年，《教育部关于加强基础教育办学管理若干问题的通知》首次将均衡发展列为义务教育的战略性任务；2005年，教育部印发的《关于进一步推进义务教育均衡发展的若干意见》是第一份全面阐述国家义务教育均衡发展的政府文件，指出义务教育在区域、城乡、学校之间原有的差距在新的形势下仍有进一步拉大的趋势，要求各级政府和教育主管部门要采取措施，制止义务教育的城乡、区域和校际发展不均衡，随后国家和地方采取了遏制乱收费、就近入学的政策消解城乡教育差距，确立了依据实际分步骤、分地区实现义务教育均衡发展的政策目标。2010年底，2856个县（市、区）基本普及九年义务教育，2011年底，所有省、自治区、直辖市正式通过国家级九年义务教育普及检查验收。当前我国100%人口所在地区普及了九年义务教育。在普及的同时，国家在义务教育领域也期待能够实现教育均衡发展，取消了重点学校政策，实施了薄弱学校改善计划，一定程度上弱化了校与校之间的不均衡，但城乡义务教育由于地区发展水平不一，义务教育发展的质量差异仍然巨大。

（二）义务教育发展进入高质量发展阶段

党的十九届五中全会通过的《中共中央关于制定国民经济和社会发展第十四个五年规划和二〇三五年远景目标的建议》提出"建设高质量教育体系"的政策目标，要求"推动义务教育均衡发展和城乡一体化"②。城乡义务教育一体化是建设高质量教育体系的基础工程。高质量教育体系要求城乡义务教育一体化高质量发展。城乡义务教育一体化高质量发展的本质就是全面提高城乡

---

① 于月萍. 区域推进城乡教育一体化发展的理论及战略研究 [M]. 沈阳: 辽宁人民出版社, 2012: 20.

② 中共中央关于制定国民经济和社会发展第十四个五年规划和二〇三五年远景目标的建议 [EB/OL].
（2020-11-05）[2020-11-11].http://www.gov.cn/ zhengce/2020/11/03/ content_5556991.htm.

义务教育教学质量，全面贯彻党的教育方针，落实立德树人根本任务，坚持有教无类，全面实施素质教育，促进学生的全面发展，让每一位学生都能获得出彩的能力和机会，确保教育人民满意。

当前城乡社会发展不平衡不充分的矛盾仍然存在，城乡义务教育自身还存在着诸多质量瓶颈，诸如城乡义务教育发展质量不均引发的乡村民众向城性教育流动带来的城镇生源压力大、乡村义务教育学校萧条现象；诸如城乡义务教育价值取向不一致带来的儿童发展进路有别现象；诸如城乡教师素质差异带来的教育理念差异问题严重影响了城乡义务教育的质量提升，尤其是乡村义务教育质量提升任重而道远。一是乡村义务教育有教无类的基础尚未巩固，截至2019年底，我国义务教育控辍保学率尚未达到100%，确保普及义务教育是义务教育质量提升的基础；二是城乡儿童就学进路选择不一，"中国教育追踪调查（CEPS）"对全国28个县级单位调查的数据显示，城乡儿童发展进路最大的差距是初中毕业升入高中的概率，农村生源为主的农村中学初中毕业生升入重点高中的比例（26.90%）明显小于中心城区学校学生升入重点高中的比例（42.80%）[①]，由于当前我国乡村职业教育发展尚不充分，不能进入高中就意味着很多乡村儿童可能需要离开学校教育，对于国民整体素质提升有一定的影响。而反过来又正由于乡村儿童在升入高中上的压力，导致了乡村民众对于学业成绩的重视，忽视了素质教育，影响了人的全面发展。

高质量的义务教育是城乡一体化的义务教育，高质量的义务教育是公平的教育，是能促进人的全面发展和社会全面进步的教育。满足人的流动的需要，为人的流动提供丰富而优质的义务教育资源是当前城乡义务教育一体化的重要任务。

五、小　结

人口的流动并不单纯只是一个人从一个场所流动到另一个场所，人口流

[①]　余秀兰.关注质量与结果：我国教育公平的新追求［J］.南京师范大学学报（社会科学版），2019（1）：29–38.

动带来很多资源的流动，因为人的生活不是一个个个体单纯孤立的独立生活，而是需要很多社会资源，因此人口流动必然影响资源的配置。在我国情况更为明显，这主要是由于我国采取的户籍制度并不单单是一项人口户籍信息登记制度，而是在户籍制度上构建了一个"福利包"①，户籍制度上还镶嵌了各种社会福利和公共供给，户籍与就业、社会保障、教育、土地、住房密切相关。在新型城镇化发展下我国的户籍制度不断改变。

如果说户籍制度松动所带来的人口的流动推动了城乡义务教育一体化发展，那么在此基础之上的人口流动也给城乡义务教育一体化带来了新的课题。特别是进入21世纪以来，国家为缩小城乡差距，出台了诸多住房和就业保障政策，促进了农民进城。2001年，《中华人民共和国国民经济和社会发展第十个五年计划纲要》指出："要打破城乡分割体制，逐步建立市场经济体制下的新型城乡关系，改革城镇户籍制度，形成城乡人口有序流动的机制，取消对农村劳动力进入城镇就业的不合理限制，引导农村富余劳动力在城乡、地区间有序流动。破除地区封锁、反对地方保护主义，废除阻碍统一市场形成的各种规定。坚持城乡统筹的改革方向，推动城乡劳动力市场逐步一体化。"此外，我国人口流动方向日益多元，当前，我国人口流动呈现三种样态：第一种是"乡村人口外流入城市"，包括弱贫地区人口向发达地区流动，带来的是进城乡民子女教育问题和城市居民与进城乡民子女的融合问题，也包括乡民留守在家的儿童的教育问题，同时还有乡村优秀教师外流入城市学校带来的文化融入和教学适应性问题；第二种是"外来人口流入乡村"，这里包括进入乡村的各种援建人员（支农、支教、扶贫专项工作人员等），这类人群所带来的文化对乡村本土文化的冲击与融合问题，也会影响乡村教育的价值观和教育方式；第三种是"乡村外出人口回流"，乡村回流人员给乡村经济发展和教育发展所带来的影响，以及乡村回流人员子女的教育问题。这些新的问题并不单单是"城镇挤""乡村弱"的问题，更验证了城乡义务教育一体化的必要性，并要求城乡义务教育必须一体化。

当前，城乡义务教育一体化发展的社会背景等的变化更彰显出城乡融合

① 任远.当前中国户籍制度改革的目标、原则与路径[J].南京社会科学，2016（2）：63-70.

发展的程度日益增深，城乡义务教育一体化越来越有必要。要素流动与资源配置已经成了城乡义务教育一体化的基本要求，推进城乡义务教育一体化的根本目的就是要在坚持义务教育基本享有的权利基础上，通过资源均衡配置、要素自由流动，优质教育资源共享，逐步缩小城乡义务教育发展差距，实现城乡义务教育共同发展，共同进步，这是推进城乡义务教育一体化的基本目标。构建基于要素流动与资源配置互动的城乡义务教育一体化政策体系，加快城乡义务教育一体化资源统筹，确保每一个适龄儿童公平享有义务教育资源，我们必须立足国情，了解社会发展需要，把着力点放在要素流动与资源配置的互动基础上，形成要素流动与资源配置互动的良性机制，具体目标是实现优质义务教育资源的共建共享，城乡义务教育要素流动的合理化，为人的全面发展和社会全面进步发挥义务教育的基础性、奠基性作用。

第四章 城乡义务教育一体化发展的政策与实践

城乡义务教育一体化是21世纪以来义务教育公平发展与质量提升的重要保障。无论是中央政策层面还是地方实践层面都为推动城乡义务教育一体化作出了积极探索，这些探索和努力为明晰新发展阶段城乡义务教育一体化的困境和未来走向提供了方向和目标。本章主要从城乡义务教育一体化的政策和实践两个方面，就当前我国城乡义务教育一体化中资源配置与要素流动的互动情况进行分析。政策分析侧重于阐述城乡义务教育一体化的价值取向、政策特征等，实践分析重在思考在城乡义务教育一体化的实践探索过程中所取得的经验，以及所面临的问题和障碍，以阐明城乡义务教育一体化发展中资源配置与要素流动的相互关系。

一、城乡义务教育一体化发展的政策努力

我国城乡义务教育一体化发展与国家城乡关系发展定位有着密切的关系，特别是2004年开始至2020年，国家每年以中央一号文件发布的农村发展战略，不仅促进了农村发展和城乡经济社会的一体化发展，更为城乡义务教育一体化提供了良好的社会基础和经济基础，经济社会城乡一体化发展的体制机制探索为城乡义务教育一体化提供了可借鉴的范本，不仅为城乡义务教育一体化提供了良好的经济基础，而且也营造了城乡互联融合的社会基础。从城乡义务教育要素流动与资源配置的关系角度来看，2000年以来，我国城乡义务教育一体化发展大致历经了重资源配置的普及化阶段（2000—2010年）、重资源配置的标准化阶段（2011—2017年）、求资源配置的高质量阶段（2018年至今）

（见表4-1）。

表4-1　我国城乡义务教育一体化政策演进历程

演进阶段	资源配置普及化（2000—2010年）	资源配置标准化（2011—2017年）	资源配置高质量（2018年至今）
代表文件	2001年《国务院关于基础教育改革的决定》，2003年《国务院关于进一步加强农村教育工作的决定》，2005年《国务院关于深化农村义务教育经费保障机制改革的通知》，2006年《中华人民共和国义务教育法》，2010年《国家中长期教育改革和发展规划纲要（2010—2020年）》，《关于贯彻落实科学发展观，进一步推进义务教育均衡发展的意见》	2012年《国家教育事业发展"十二五"规划》，2012年《国务院关于深入推进义务教育均衡发展的意见》，2013年《关于全面改善贫困地区义务教育薄弱学校基本办学条件的意见》，2015年《关于进一步完善城乡义务教育经费保障机制的通知》，2017年《国家教育事业发展"十三五"规划》	2018年习近平全国教育大会讲话，2019年政府工作报告，2019年《中国教育现代化2035》《关于深化教育教学改革全面提高义务教育质量的意见》《关于切实做好义务教育薄弱环节改善与能力提升工作的意见》
政策重心	保障资源均衡配置的经费	教育资源配置均等	提高教育质量
措施保障	加大教育经费投入	学校标准化建设	教师队伍建设

（一）城乡义务教育一体化发展的政策演进

1. 2000—2010年：重资源配置的普及化阶段

2000年左右，国家实现了义务教育普及，但普及水平以及质量仍不高，不均衡现象也广泛存在。不均衡主要包括区域、城乡和校际不均衡。其中最突出的是城乡不均衡。再加上2000年税费改革带来的农村义务教育经费投入体制的改变，乡村义务教育发展困难重重，进一步拉大了城乡差距。因此，这阶段国家主要以改革教育经费投入体制、增加教育经费投入为手段保障城乡适龄儿童教育机会资源获得的公平，确保义务教育资源普及到每个适龄儿童，特别是经费资源配置国家层面的普及。

2001年，《国务院关于基础教育改革和发展的决定》指出："进入新世纪，基础教育面临着新的挑战，改革与发展的任务仍十分艰巨"，要"完善管理体制，保障经费投入，推进农村义务教育持续健康发展"①。为做好2000年《中共中央、国务院关于进行农村税费改革试点工作的通知》的要求，从2000年到2003年，国家对农村发展采取了"多予少取"的方针，对于改善过去强调农村支持城市发展的偏颇定位，开启了重视农村发展、关注农民民生需要的阶段。于是，2004年中央以一号文件方式发布了《中共中央国务院关于促进农民增加收入若干政策的意见》，这是国家第一次以中央一号文件形式对农村工作作出部署，表明了国家对农业农村发展的重视，预示着我国城乡关系和农村事业发展进入新的阶段。文件指出城乡二元结构长期积累的各种深层次矛盾给现阶段农民增收带来了困难，今后要按照"统筹城乡经济社会发展"的要求，坚持"多予、少取、放活"的方针，尽快扭转城乡居民收入差距不断扩大的趋势。此时的重点在于通过发展粮食、农村二、三产业和改善农民进城就业环境，拓宽农民增收渠道、增加农民收入，为使农民进城安心就业，文件强调要做好"进城农民工子女教育工作"，这为城乡儿童流动和动态配置城乡儿童义务教育资源提供了基础，使得日后城乡一体化配置儿童义务教育资源成为可能。2005年，国家继续以一号文件形式强调要继续稳定、完善和强化各项支农政策，进一步深化农村改革，这就需要提高农村劳动者素质。因此，要进一步"发展农村教育"，严格落实"新增教育等事业经费主要用于农村的规定，用于县以下的比例不低于70%"，要争取"全国农村义务教育阶段贫困家庭学生都能享受到免书本费、免杂费、补助寄宿生生活费"，确保每个儿童不因贫困而入不了学，保障了城乡义务教育发展教育机会上的均等。

在此基础上，2005年，《国务院关于深化农村义务教育经费保障机制改革的通知》要求中央和地方共同保障农村义务教育经费投入，将农村义务教育全面纳入国家公共财政保障的范围。这一规定使我国农村教育由长期以来的"人民教育人民办"转变为"人民教育政府办"，提高了农村公用经费的保障水平，促进了农村义务教育的发展。但由于历史的原因，义务教育经费特别是农村义务教育经费在配齐配足方面还存在困难。

---

① 国务院 关于基础教育改革与发展的决定[EB/OL].(2001-05-29)[2019-12-03].http://www.gov.cn/gongbao/content/2001/content_60920.htm.

2006年的中央一号文件指出要推进社会主义新农村建设，构建新型工农城乡关系，并在第五条以单节的方式提出了要"加快发展农村义务教育，促进城乡义务教育均衡发展"，举措包括减免西部地区农村义务教育学生全部的学杂费，并为贫困家庭学生提供免费的课本和补助寄宿生生活费，加强教师队伍建设，实施农村中小学现代远程工程。在这一中央一号文件精神的指导下，这一年，国家修订《中华人民共和国义务教育法》，明确了义务教育经费的"三个增长"的目标，强调重点促进农村义务教育发展，建立农村义务教育经费分担机制，并规定要在两年内实现农村地区义务教育阶段杂费的全免除。在这一举措推动下，2006年，全国有96%的县实现了"两基"验收，全国人口的98%获得了"两基"全覆盖。

2007年，中央一号文件继续强调"改善农村办学条件，促进城乡义务教育均衡发展"，免除学杂费的范围扩展到全国农村所有义务教育阶段的学生，为了实现这一目标，2007年的《国家教育事业发展"十一五"规划纲要》强调一定要通过管理体制的完善，确保农村义务教育经费投入，在这些政策的推动下，国家实施了"两免一补"政策、农村寄宿制学校建设工程、贫困地区义务教育工程、中小学危房改造工程、农村中小学现代远程教育工程、特岗教师计划等有助于缩小城乡义务教育发展差距的措施。到这一年底，两基验收县比2006年增长了2.5%，"两基"覆盖人群实现了99%。

2008年，中央一号文件提出"探索建立促进城乡一体化发展的体制机制"，为此要求"加快破除城乡二元体制，努力形成城乡发展规划，产业布局、基础设施、公共服务、劳动就业和社会管理一体化新格局"[1]。这一方面要求改变城乡义务教育一体化的差序格局，一方面要求改变城乡义务教育发展的关系模式。在城乡经济社会一体化的发展格局下，城乡义务教育也应走向一体化发展。2009年，面对国际金融危机的冲击，保持国家经济平稳较快发展是重要的任务，因此，激发农村经济发展潜力，保持农业农村经济平稳较快发展是首要任务，关键举措仍然是推进经济社会城乡一体化发展。在教育上，尽管

---

[1] 中共中央国务院关于切实加强农业基础建设进一步促进农业发展农民增收的若干意见[EB/OL].（2008-01-30）[2019-11-14].http://www.gov.cn/jrzg/2008-01/30/content_875066.htm.

面临经济发展的困境，但仍然强调要巩固农村经济发展的成绩，进一步提高农村学校公用经费，加大对经济困难寄宿生的补助，做好农村学校危房改造。这一年国家建立健全了义务教育经费拨付管理使用责任追究制度，明确了重点发展农村教育的战略地位。从2006年至2010年间，不含教职工工资，国家财政新增农村义务教育经费2182亿元，有效地保障了农村义务教育的健康发展，到2009年底"实现'两基'验收的县（市、区）累计达到3052个，占全国总县数的99.5%，'两基'人口覆盖率达到99.7%"[①]。

2010年的中央一号文件似乎蕴含着一种力量和坚定，文件开头就充分肯定了2009年尽管是"新世纪以来我国经济发展最为困难的一年"，但国家仍能克服困难，保持了平稳发展。在多年来国家和城乡共同努力下，"农业开放度不断提高，城乡经济的关联度显著增强"，给"三农工作"带来了新的要求，"改善农村民生"成为转变经济发展方式的重要内容，尤其是要"巩固和完善农村义务教育经费保障机制，落实好教师培训制度和绩效工资制度"，合理布局农村学校，继续实施农村中小学校舍安全工程，逐步改善贫困地区学生营养状况，缩小城乡教育发展差距。

这一系列努力为每个适龄儿童享有义务教育提供了经费资源的支撑，最终催生了2010年《教育规划纲要》提出"建立城乡一体化义务教育发展机制"的义务教育发展战略。至此，城乡义务教育一体化发展终于从社会的日常生活需要上升为政策理念，相关政策频发，并成为指导城乡义务教育改革发展的重要战略。由上文也可以看出，这一阶段国家主要通过经费资源投入保障儿童特别是农村儿童的义务教育权利。

2. 2011—2017年：重资源配置的标准化阶段

一体化不是均等化、一样化，但发展的前提和基础应该是一样的，尤其对于办教育来说，基本的资源设施是确保义务教育正常运行的基础，但在此阶段，相较于城市学校，我国乡村义务教育还存在着学校办学硬件条件水平较低，布局不合理、贫困生辍学现象严重等问题。为此，国家加强了对乡村学校

---

① 2009年全国教育事业发展统计公报［EB/OL］.（2010-08-03）［2019-12-03］.http://www.gov.cn/gzdt/2010-08/03/content_1670245.htm.

的投入和布局调整，开启了城乡义务教育学校标准化建设运动。首先，将义务教育纳入基本公共服务范畴，通过加强丰富乡村基本公共服务配置，改善优化乡村义务教育发展的社会环境，基于此，2012年，出台《国务院关于深入推进义务教育均衡发展的意见》，并指出推进义务教育均衡发展的基本目标是"每一所学校符合国家办学标准，办学经费得到保障；教育资源满足学校教育教学需要，开齐国家规定课程；教师配备更加合理，提高教师整体素质"，使得城乡义务教育一体化政策重心从确保儿童教育机会均等转向为义务教育阶段儿童提供均等的义务教育资源。

国家相关部门先后出台了《关于全面改善贫困地区义务教育薄弱学校基本办学条件的意见》《关于推进县（区）域内义务教育学校校长教师交流轮岗的意见》《关于统一城乡中小学教职工编制标准的通知》《国家贫困地区儿童发展规划（2014—2020年）》《关于进一步完善城乡义务教育经费保障机制的通知》等政策文件，启动了义务教育学校标准化建设工程，农村薄弱学校改善计划、中小学校校舍安全工程、义务教育学校营养餐计划，建立了城乡义务教育经费保障机制，加大了对城乡义务教育发展的经济投入，特别是增加了贫困地区义务教育发展的投入，2012—2016年，全国教育经费总投入累计接近17万亿元，其中"2016年达到38888亿元，是2012年的1.36倍，年均增长7.9%"[①]，国家财政性教育经费支出占国内生产总值的比例自2012年以来一直保持在4%以上，一定程度上确保了城乡义务教育发展格局的平衡与稳定，满足了人民群众"有学上""能上学"的基本需要。

2015年，中央一号文件指出，国家经济发展进入新常态，想要在经济增速放缓背景下继续发展农业农村问题，促进农民幸福，需要继续全面深化农村改革，围绕城乡发展一体化，深入推进新农村建设。教育上要"全面改善农村义务教育薄弱学校基本办学条件，提高农村学校教学质量。因地制宜保留并办好村小学和教学点"。2016年，一号文件牢牢遵循《中共中央关于制定国民经济和社会发展第十三个五年规划的建议》精神，提出要"把坚持农民主体地

---

① 郁琼源, 胡浩. 五年来全国教育经费总投入累计接近17万亿元 [EB/OL]. (2017-12-23) [2019-12-03]. http://www.gov.cn/xinwen/2017-12/23/content_5249822.htm.

位，增进农民福祉"作为农村一切工作的出发点和落脚点，用新发展理念破解"三农"新难题，"推动新型城镇化与新农村建设双轮驱动、互促共进，让广大农民平等参与现代化进程、共同分享现代化成果"，"建立城乡统一，重在农村的义务教育经费保障机制，全面改善贫困地区义务教育薄弱学校基本办学条件，改善农村学校寄宿条件，办好乡村小规模校，推进学校标准化建设"，城乡义务教育一体化发展进行了标准化建设阶段。2016年7月，国务院印发《关于统筹推进县域内城乡义务教育一体化改革发展的若干意见》，对如何统筹推进县域内城乡义务教育一体化改革发展的指导思想、基本原则、工作目标、主要措施、组织保障等问题进行了定位和安排，进一步推进了城乡义务教育一体化发展。截至2017年底，义务教育基本均衡县督导合格率达80%。

2017年，一号文件重在强调深入贯彻治国理政新理念、新思想、新战略，坚持新发展理念，推进农业供给侧结构改革，补齐农业农村短板，全面落实城乡统一、重在农村的义务教育经费保障机制，加强乡村教师队伍建设，夯实农村共享发展基础。从这个文件可以看出，国家越来越重视对乡村薄弱学校质量的提升，更加体现了城乡义务教育一体化的精髓：城乡资源共享、成果共享、平等发展。但"教育投入的增加并不意味着教育公平程度的提升"①，在城乡义务教育办学条件、教师队伍建设、特殊群体教育权利保障等方面取得了一定成效后，国家开始思考如何通过政策来增强人民群众义务教育获得感，城乡义务教育一体化发展进入了以优化资源为抓手提升质量的发展阶段。

3. 2018年至今：求资源配置高质量阶段

在城乡义务教育一体化发展政策的形成与发展阶段，国家通过加大教育经费投入、学校标准化建设、教师资源城乡共享等手段，实现了城乡义务教育阶段儿童入学机会和基本教育资源的公平享有，但"能上学""有设备"并不代表着教育过程和教育获得的公平。然而，"资源投入方面的均衡只是一种手段，最终目标是实现城乡义务教育质量上的均衡，没有教育质量上的均衡，义

---

① 杨东平. 教育公平是一个独立的发展目标——辨析教育的公平与效率 [J]. 教育研究, 2004 (7)：26–31.

务教育城乡高位均衡发展的目标只能是一种没有兑现的承诺"[①]。2017年，党的十九大提出，中国特色社会主义进入了新时代，我国社会主要矛盾已经转化为人民日益增长的美好生活需要和不平衡不充分的发展之间的矛盾。新时代社会主要矛盾的变化标志着民众的需求由生存型向发展型的转变，新的需求与现有发展现状之间的矛盾要求城乡义务教育要从外延式的资源补偿平衡转向内涵式的资源优化，进入质量提升阶段。

2018年的一号文件是未来中国乡村发展的蓝图，为未来中国乡村发展指明了方向，更加注重乡村高质量的发展，可谓是由外延式的乡村场景美化转向了建设美丽人文乡村的路径，在此基础上，作为乡村重要的人文景观的乡村教育被提到了较高的地位，第一次在城乡义务教育发展关系上提出了"优先发展农村教育事业"的定位，并强调要"高度重视发展农村义务教育，推动建立以城带乡、整体推进、城乡一体、均衡发展的义务教育发展机制"，"全面改善薄弱学校基本办学条件，加强寄宿制学校建设，实施农村义务教育学生营养改善计划，推进农村普及高中阶段教育"。这种转向使得城乡义务教育一体化不仅关注教育入学机会的公平，更加注重教育过程和教育结果的公平，转向了内涵质量公平阶段。

2018年1月20日，中共中央、国务院出台了《关于全面深化新时代教师队伍建设改革的意见》，明确规定优化义务教育教师资源配置，推进城乡教师资源共建共享。为此国家大力完善乡村教师培训、城乡教师交流、专业发展等政策，实施乡村教师荣誉制度、银龄讲学计划，综合运用"师德养成教育全面推进""教师培养层次提升""乡村教师素质提高""'互联网+教师教育'创新"等行动并配以加大教育财政经费投入、提升教师教育保障水平等举措，有效地提升了乡村教师的专业能力，确保了乡村教师"下得去、留得住、教得好"，为乡村义务教育质量提升提供了有力保障。

2018年9月，中共中央、国务院召开了自十八大以来的第一次全国教育大

[①] 宗晓华，杨素红，秦玉友. 追求公平而有质量的教育：新时期城乡义务教育质量差距的影响因素与均衡策略[J].清华大学教育研究，2018，39（6）：47–57.

会，将教育列为国之大计、党之大计之地位①，要求教育事业发展要同党和国家事业发展和人民群众需要相适应。这一定位既是对新阶段我国教育发展的定位，也预示着我国教育发展同国家发展和人民发展需要仍有差距，需要从国之大计、党之大计的角度予以加强。特别是农村义务教育发展仍然是我国教育事业发展的薄弱环节，制约了国家乡村振兴和农村儿童美好教育的需要。于是2019年中央一号文件以"抓重点、补短板、强基础"为关键词展开了乡村脱贫攻坚、全面推进乡村振兴的求索之路。在此基础上，作为教育短板的乡村教育，也面临着全面提升水平的任务，因此文件要求"推动城乡义务教育一体化发展，深入实施农村义务教育学生营养改善计划。实施高中阶段教育普及共建计划，加强农村儿童营养健康改善和早期教育、学前教育"。城乡义务教育一体化水平的提升有赖于义务教育质量的提升，教师是教育质量提升的重要保障。基于以上城乡义务教育一体化政策演进逻辑，经过确保教育机会公平和教育资源标准化的建设工作，基本确立了城乡义务教育一体化发展的体制机制，2019年的教育部工作要点已经将2018年"推动城乡义务教育一体化发展"的表述转变为"提高义务教育城乡一体化发展水平"。概念表述的改变预示着政策发展重心和路径的改变。2019年2月，为贯彻和落实党的十九大和全国教育大会精神，中共中央、国务院印发以教育现代化为主题的《中国教育现代化2035》，进一步强调了推进城乡义务教育一体化，助力教育现代化。②

随后，国家紧接着发布《关于深化教育教学改革全面提高义务教育质量的意见》，指出加强薄弱学校建设，推进城乡义务教育一体化，办好每所学校，让学生成为学习和生活的主人③；同年7月10日又出台《关于切实做好义务教育薄弱环节改善与能力提升工作的意见》，对进一步推进城乡义务教育一体化进行了全面的部署和安排。这两份文件为当前新时代城乡义务教育一体化发展进行了顶层

① 坚持中国特色社会主义教育发展道路 培养德智体美劳全面发展的社会主义建设者和接班人[N].人民日报，2018-09-11(1).
② 中国教育现代化2035[EB/OL].(2019-02-23)[2019-08-11].http://www.moe.gov.cn/jyb_xwfb/s6052/moe_838/201902/t20190223_370857.html.
③ 教育部 国家发展改革委 财政部关于切实做好义务教育薄弱环节改善与能力提升工作的意见[EB/OL].(2019-07-18)[2020-11-11].http://www.gov.cn/xinwen/2019-07/18/content_5410847.htm.

设计，是新时代城乡义务教育一体化改革发展的根本遵循和行动指南，标志着城乡义务教育一体化资源配置进入高质量发展阶段，高质量资源配置应能以满足人的流动需要为基础，充分考虑人的发展在义务教育资源配置中的重要作用。这就急切需要探讨基于要素流动的城乡义务教育资源配置政策优化问题。

可见，新的历史发展阶段与新的发展需求，对城乡义务教育一体化资源配置的要求也越来越高，资源配置的高质量已经成为城乡义务教育一体化高质量发展的重要保障。高质量城乡义务教育一体化是人人均可享受的优质义务教育，不论人口流动到哪儿均应能享受优质义务教育；高质量城乡义务教育一体化是可持续发展的一体化，不应该存在教育资源浪费；高质量城乡义务教育一体化应该能满足人的自由流动的需要以及城乡社会的全面发展，这一切都需要城乡义务教育一体化资源配置更加高效优质。

（二）城乡义务教育一体化发展的政策特征

1. 以充足的教育经费保障教育资源均衡配置

经费投入是城乡义务教育一体化发展的物质保障，推进城乡义务教育一体化发展离不开持续稳定的经费投入。随着经济实力的提升，国家对义务教育发展的经费投入也得到保障。自2012以来，连续6年确保了教育经费投入占GDP的4%。2018年，"全国国内生产总值为900309.5亿元，国家财政性教育经费占国内生产总值比例为4.11%，2018年全国普通小学公用生均一般公共预算教育经费为11328.05元，比2017年的10911.17元增长3.82%，其中，农村为10548.62元，比2017年的10194.82元增长3.47%；全国普通初中为16494.37元，比2017年的15739.92元增长4.79%，其中，农村为14634.76元，比2017年的14065.68元增长4.05%"[①]。除了重视投入以外，国家也十分重视投入使用效益问题。2018年《国务院办公厅关于进一步调整优化结构提高教育经费使用效益的意见》[②]，建立了城乡统一、重在农村的义务教育经费保障机制，实现了城乡免费义务教育，义务教育覆盖面，城乡义务教育一体化实现了经费投入和教育机会提供上

---

① 教育部 国家统计局 财政部关于2018年全国教育经费执行情况统计公告［EB/OL］.（2019-10-16）
　［2020-12-25］.http://www.moe.gov.cn/srcsite/A05/s3040/201910/t20191016_403859.html.

② 国务院办公厅关于进一步调整优化结构提高教育经费使用效益的意见［EB/OL］.（2018-08-27）
　［2020-12-25］.http://www.gov.cn/zhengce/content/2018-08/27/content_5316874.htm.

的基本均衡。2019年5月24日，国务院出台《教育领域中央与地方财政事权和支出责任划分改革方案》，对义务教育经常性开支，包括学校日常运转、校舍安全、学生学习生活等经常性事项的中央和地方财政事权和支出责任进行了明确规定，明晰了中央与地方政府对于义务教育发展的经济责任和责任事项，有利于构建城乡义务教育一体化良好的经费投入和使用体制，明晰资源配置责任主体，体现了城乡义务教育一体化资源均衡配置日益规范和有效。

2. 关注要素流动下教育资源的有效配置

人口流动带来了流动人口子女的教育问题，在我国主要是进城务工人员子女教育问题和留守儿童义务教育问题。为解决流动人口子女公平享有义务教育资源问题，国家层面出台了一系列的政策。一是保障进城务工随迁子女平等接受教育，按照以流入地和以公办学校为主的"两为主"政策，切实满足进城务工人员随迁子女进入学校获得基本的义务教育的需要。2019年，我国义务教育阶段中有41427.0万人是进城务工人员随迁子女，比2018年增加了2.9万人，增幅0.2%，占当年在校生总人数的比例为9.3%，其中，就读公办学校的比例为79.4%，与2018年基本保持平衡。[①]二是建立健全农村留守义务教育学生关怀服务体系，加强留守儿童心理健康教育，优先满足留守儿童进入寄宿制学校需求。三是加强困难学生补助，落实好城市低保和农村家庭经济困难学生的寄宿学生生活费补助政策。确保儿童不因经济困难而上不了学，满足基本的教育需要。为此，国家专门在2014年出台了《国家贫困地区儿童发展规划（2014—2020年）》，坚持儿童优先原则，将城乡义务教育一体化发展列为切断贫困地区儿童贫困代际传递的根本途径。[②]

3. 均衡配置优质教师资源引导要素合理流动

城乡义务教育一体化要素流动的重要驱动力量是对美好教育的期望，教师是影响教育质量的关键因素，为引导人口合理流动，国家主抓优秀教师资源均衡配置。一是实行城乡统一的中小学编制标准，2014年发布中小学教师编制

---

① 2019年全国教育事业发展情况［EB/OL］．（2020-08-31）［2020-12-25］.http：//www. moe. gov. cn/jyb_sjzl/s5990/ 202008/t20200831_483697. html.

② 国务院办公厅关于印发国家贫困地区儿童发展规划（2014—2020年）的通知［EB/OL］．（2015-01-15）［2020-12-25］. http：//www. gov. cn/zhengce/content/2015/01/15/content_9398. htm.

统一标准的通知，规定统一城乡教师编制，标志着我国城乡教师编制长达30年的二元标准，走向了一体化阶段，是促进城乡义务教育一体化的重要手段，目前已有25个省的小学和24个省的初中实行了这一标准。[①]二是实行优秀教师资源县域内共建共享，包括校长的交流轮岗，并规定了要加强对交流教师的生活补助。三是改善乡村教师福利待遇，支持乡村教师发展，提升乡村教师社会地位和职业吸引力。国家出台了《乡村教师支持计划（2015—2020年）》和《关于深化中小学教师职称制度改革的指导意见》等文件，对中小学教师在内的教师职称制度、考核机制全面展开了改革，以期在中小学教师职称评审与事业单位岗位聘用制度之间建立有效的衔接，为激发乡村中小学教师的积极性、创造性，改善乡村教师工作环境，增强乡村教师工作吸引力发挥了重要作用。

由于历史原因带来的城市优质教育资源集中，往往刺激了人口的向城性教育流动，带来了城市人口增加，公共服务财政压力增大，学位紧张，而乡村又呈现出学校空、教师富余现象，这不是要素流动与资源配置的良性互动，也不是城乡义务教育一体化所要追求的目标。为合理引导人口回流乡村，国家大力加强乡村学校标准化建设，一是坚持学校办学条件基本均衡，制定了城乡统一的学校建设标准《普通中小学校建设标准》，明确了城乡学校建设标准指标体系，同时针对乡村薄弱地区，出台《关于全面改善贫困地区义务教育薄弱学校基本办学条件的意见》，缩小城乡办学基本条件差距，2018年，全国小学生均仪器设备值为1558元，农村小学相当于城市小学的75.8%，比上年提高4.4个百分点，全国初中生均仪器设备值为2453元，农村初中相当于城市初中的76.0%，比2017年提高0.8个百分点[②]；二是坚持满足儿童就近入学，规范学校布局，出台《关于规范农村义务教育学校布局调整的意见》，强调坚持儿童优先原则，优先满足儿童就近入学需要，合理布局农村义务教育学校；三是坚持城乡儿童生均公用经费统一，出台《关于进一步完善城乡义务教育经费保障机制的通知》和《国务院办公厅关于印发教育领域中央与地方财政事权和支出责

---

① 刘来兵，冯露. 浅析推动城乡义务教育一体化发展［J］. 河北师范大学学报（教育科学版），2019，21（3）：5–8.

② 中华人民共和国教育部. 2018年全国教育事业发展情况［EB/OL］. （2019-09-29）［2020-12-25］. http：// www. moe. gov. cn/jyb_sjzl/s5990/ 201909/t20190929_401639. html.

任划分改革方案的通知》，制定了农村地区和偏远地区专项资金支持计划。与此同时也将乡村义务教育作为资源配置的重点倾斜对象，加大对乡村教育的资金投入力度，2018年，中西部农村以及偏远贫困地区的义务教育经费占中央财政转移支付的80%[1]，近五年中央和地方投入5400多亿元，改善农村学校办学条件，全国新建改扩建校舍2.2亿平方米，30.96万所（占总数99.8%）义务教育学校办学条件达到20条底线要求，体育场馆、音体美器材、实验仪器达标率超过85%，互联网接入率超过90%。[2]乡村义务教育条件得到了极大的改善，乡村学校吸引力与日俱增。如我国最北的漠河市北极镇中心学校通过乡村温馨校园建设，改革学校课堂教学，打造了墨香校园、书香校园、版画校园，实现了多姿多彩的教育，成功留住了乡村生源。

4. 依靠现代信息技术推进城乡教育资源均衡配置

城乡义务教育一体化既是一种目标，更是一种实践，源于人们的教育需要，并为着满足人们的美好教育需要，不仅仅停留在美好愿望中，更需要落实在实践中，因此就需要有一定的技术基础来促成义务教育城乡一体化。2012年，国家出台《教育信息化十年发展规划（2011—2020年）》，强调要建设"覆盖城乡各级各类学校的教育信息化体系"，为城乡义务教育一体化提供了良好的技术基础。

第一，积极加强硬件资源配置，推动"班班通"工程，实现城乡优质教育资源共享。近五年中央和地方投入5400多亿元，改善农村学校办学条件，互联网接入率超过90%。[3]同时注重中小学教师信息教学能力培训，开拓网络空中课堂，补充乡村教师不足，解决乡村教师结构性缺编问题。2018年第7期的《半月谈》上推出的题为《直播课堂，让乡村孩子看见光》的文章提到在甘肃省定西市安定区李家堡镇中心小学的美术老师郑红运用网络直播课给周围山里

---

① 刘来兵，冯露. 浅析推动城乡义务教育一体化发展[J]. 河北师范大学学报（教育科学版），2019, 21（3）: 5-8.

② 对十三届全国人大二次会议第4941号建议的答复[EB/OL].（2019-12-05）[2020-12-25]. http: //www. moe. gov. cn/jyb_xxgk/xxgk_jyta/jyta_jijiaosi/201912/t20191205_410971. html.

③ 对十三届全国人大二次会议第4941号建议的答复[EB/OL].（2019-12-05）[2020-12-25]. http: //www. moe. gov. cn/jyb_xxgk/xxgk_jyta/jyta_jijiaosi/201912/t20191205_410971. html.

孩子上美术课，解决了当地部分学校师资不足的问题[①]，给农村学生带来了更多更丰富的教育资源。第二，利用网络教育资源，尤其是2020年为应对疫情带来的"停课不停学"挑战，国家利用网络和电视资源，依托中国教育电视台和国家中小学网络云平台设立了空中课堂，为全国广大城乡儿童居家学习提供了有效的保障。这一切都表明利用网络为乡村和边远贫困地区儿童提供优质的学习资源是有可能和有基础的，使得城乡儿童获取教育资源的渠道有了保证，也有利于减少乡村家庭为了争取优质的教育资源而盲目向城流动。

（三）城乡义务教育一体化发展的政策反思

城乡义务教育一体化是城乡一体化和社会公平发展在教育领域中的体现，倡导将义务教育视为国家共同利益，注重全国性公共资源在义务教育领域内的统筹分配与共建共享，旨在构建城乡义务教育发展命运共同体，促进城乡义务教育要素自由流动与资源均衡配置，本质是为了实现人的全面发展和社会全面进步，核心理念在于构建"以人为本"的义务教育发展体系。数十年来，国家通过"四统一全"极大地缩小了城乡义务教育差距，推动了城乡义务教育一体化。我国城乡义务教育一体化的政策重心从注重教育机会均等到注重教育资源配置均等，再到追求公平而有质量的发展变迁，其背后体现着国家为推动城乡义务教育要素自由流动和资源均衡配置所做的诸多努力。资源均衡配置是对于人的发展需要及利益需求的重要保障。社会个体以及由个体所组成的社会集团对教育公平发展的利益诉求推进了城乡义务教育一体化的政策演进。一方面，教育公平是实现社会公平的基础，义务教育的基础性、全局性、奠基性要求其必须首先实现教育公平，坚持和确保义务教育公平是义务教育发展利益相关行动者的一致要求，也是推动城乡义务教育一体化的前提条件。另一方面，接受公平的义务教育是个体获得公平的发展机会的前提条件。而城乡义务教育发展的巨大差距影响了个体尤其是乡村义务教育相关者的公平发展的利益诉求，现实和理想的差距促使人们追求城乡义务教育一体化的发展，从而缩小发展上的差距，满足自我发展的利益需求。21世纪初，我国基本实现普及义务教育以后，城乡义务教育就学机会上的差距已非主要问题，而资源投入上的差距

---

① 刘能静，马莎. 直播课堂，让乡村孩子看见光［J］. 半月谈, 2018（7）：52–53.

逐步上升为主要矛盾，并成为公共政策关注的焦点。[①]

教育发展与经济社会发展的复杂性，以及教育自身发展的复杂性，表明城乡义务教育一体化不可能通过单一政策实现。当前，随着国家教育治理能力的提升，教育治理体系日益完善，城乡义务教育一体化政策体系也日益完善。从城乡所代表的地域层面来讲，目前国家已经形成了联动城乡义务教育一体化与乡村振兴、城镇化发展的政策体系，城乡义务教育一体化是整个国民社会发展的一部分，也体现了社会治理一体化的理念；从教育与社会的关系来讲，当前，城乡义务教育一体化已经形成了与乡村社会、城市社会共同发展的政策体系；从教育内部来说，一方面当前城乡义务教育一体化政策涉及教育发展的教师、学生、教育资源等多方面，另一方面，城乡义务教育一体化已经纳入了整个教育制度发展体系之中，联动学前教育、普通高中教育、职业教育、大学教育等各阶段。政策的系统性日益增强，为城乡义务教育一体化构建了良好的政策保障，这也体现了前文所提到的当前"一体化"发展已经深入到社会发展的各个领域，城乡互联融合、区域互联融合、教育与社会发展互联融合的创新、开放、协调、绿色、共享的新发展态势已经在中国形成。但新发展阶段面对新的发展需求，城乡义务教育一体化发展的政策支持也存在一定的不足。

1.资源均衡配置思维未能匹配高流动性教育发展的需要

城乡二元经济结构的形成主要是由于城乡资源自由交换的阻隔和公共资源配置的城乡不均衡所致，城乡一体化发展不仅是经济发展方式的转变，更是资源配置方式的转变，其实质就是促进城乡之间资源要素平等交换和公共资源的均衡配置。义务教育中要素的流动是由我国城乡不同的自然条件和体制政策等多种因素综合而成的，是城乡义务教育和城乡社会发展以及资源配置不均衡的结果。资源配置是否均衡科学已经成为影响城乡义务教育一体化水平的重要因素。换句话说，为什么在当前城乡义务教育要素中有的人愿意流动，有的人不愿意流动，有的学校能撤，有的学校不能撤，其背后都涉及着国家如何保障资源均衡配置的问题。

---

① 李春玲. 教育不平等的年代变化趋势（1940—2010）——对城乡教育机会不平等的再考察［J］. 社会学研究, 2014（2）: 65–89.

在城乡二元结构下，城乡人口、物质资源等教育要素流动较为平稳，即便有流动，也并不过多涉及义务教育阶段的适龄儿童。这种社会结构可以有效保障基于人口稳定的资源配置的确定性，国家和政府也可以更方便地调控国家的教育资源。但20世纪90年代后特别是21世纪以来城镇化快速发展，城乡之间人口流动规模越来越大，一方面带来了随迁子女对城市教育资源的需求，另一方面乡村适龄儿童减少带来了乡村义务教育资源的空余，再加上这种流动变换的频繁性，资源配置的不确定性与日俱增。但由于长期以来的义务教育城乡二元管理体制机制，义务教育资源配置城乡各自为政的惯性思维所致，资源分配的理念和方式仍然是基于静态的城乡社会和封闭的人口流动状态来进行考虑，尽管有关于流入地子女的"两为主"政策和义务教育学籍卡的相关政策，但是，其管理思维本质上还是城市是城市、乡村是乡村的各自为政的静态管理模式。城乡义务教育一体化并未体现在人口要素流动和资源配置的互动上。其次，这种城乡静态的资源配置方式，还呈现出了对城乡义务教育倾向于以补低的方式来进行资源配置。在资源均衡配置中补低是一个重要的政策思维，纵观当前我国城乡义务教育一体化的政策也主要是以补低为抓手，主要表现在城乡义务教育学校标准化建设、乡村教师支持计划、经费倾斜等，补低是防止城乡义务教育再次二元分化，缩小城乡差距的途径，也是优化资源配置的重要举措。一开始，中国的城乡一体化道路旨在消解城乡巨大的差距，尽管差距缩小是发展的一种表现，但并不是为了发展。当前，城乡一体化转向了以共同发展为目标，这是一体化的真正要义，发展才是硬道理，城乡一体化不是削峰填谷，而是峰谷相长，各美其美。单纯的补低已经不能够满足新发展阶段城乡义务教育一体化高质量发展的需要。

政策这只"无形的手"是影响我国城乡义务教育一体化发展之路的重要影响因素，但受制于社会发展的阶段性和渐进性，在不同的阶段会有不同的政策目标和政策措施。政策背景发生变化，政策内容和政策工具就需要作出相应的调整，这样才能保证政策目标不发生偏差。当前，随着城镇化下城乡人口流动速度的不断加快，这种基于静态、封闭的城乡义务教育资源均衡配置模式已经越来越不适应城乡义务教育要素流动和人的美好教育的需要，也不符合义务教育的公益性和普及性特征，迫切需要转换政策视角。第一，人口流动不确定性提高了城乡义务教育一体化发展的难度。城镇化发展带来了乡村人口稀疏化和城市人口密度大的情况，乡村出现了很多小规模校或教学点。全国教育事业发展统计数据显示2019年我国有教学点9.65万个，较2018年还有减少趋势，减少了0.49万个[①]，且每个教学点平均学生数下降到了40人以下，教学点日趋小型化。乡村小规模校对义务教育资源配置提出了很大的挑战，影响了城乡义务教育资源配置一体化。比如以生均为拨款基准的经费投入使小规模校面临着发展经费不足的问题，因此，国家在政策层面就规定未达到100人的小规模校按照100人的标准进行拨款。同时，教师资源配置也存在挑战，按照国家要求和教育活动的特性，无论学校大小，都应开齐开足开好所有课程，但小规模校教学点师资难以独立配齐，影响了小规模校教育活动的正常开展。还有随迁子女的教育公平和教育融入问题，都对城乡义务教育一体化资源配置提出了挑战。但用以实现城乡义务教育一体化的主要政策工具——资源配置仍然未适时作出调整，由此产生了要素流动与资源配置的矛盾，给城乡义务教育一体化带来新的挑战。因此，以一体化发展为定位的城乡义务教育发展政策必须作出转变，构建适应城乡社会人口流动的资源配置机制。

2. 资源配置体制还不能完全适应城乡义务教育一体化发展

建立在户籍制度基础上的城乡二元社会结构，造成了我国城市居民和农村人口在资源配置和获得上存在着巨大的差异，再加上我国基础教育实行的是"以县为主"管理体制，因此，我国城乡义务教育资源配置也采用了城乡二元体制。1985年，《中共中央关于教育体制改革的决定》指出，基础教育管理实行"由地方负责、分级管理"，带来的是"县办高中、乡办初中、村办小学"的实际做法。1986年，《中华人民共和国义务教育法》以法律形式规定了这一管理体制。1992年，《中华人民共和国义务教育法实施细则》更为具体地确立了义务教育"按省、县、乡分级管理"。后来的相关文件，诸如《国务院关于基础教育课程改革与发展的决定》（2001）、《国务院关于完善农村义务教育

① 2019年全国教育事业发展统计公报［EB/OL］.（2020-05-20）［2020-12-19］.http://www.moe.gov.cn/jyb_sjzl/sjzl_fztjgb/202005/t20200520_456751.html.

管理体制的通知》（2002）、《国务院关于进一步加强农村教育工作的决定》（2003）等都进一步强调我国实行"以县为主"的教育管理体制。尽管2006年修订的《中华人民共和国义务教育法》提出了"省级政府统筹"教育管理体制机制，但现实中还是由区县政府来具体负担。虽然"地方负责，分级管理"的体制对于充分调动乡镇政府的积极性，促进义务教育均衡发展有重要作用，但由于长期以来城乡经济综合实力的差距，城市负责城市学校，乡镇负责乡镇学校的管理体制无形中拉大城乡教育差距，造成城乡教育资源的分配不均。这种资源的分配不均带来了义务教育要素的集中性向城性流动，从而又引发了新的资源不均衡。

3. 资源配置内容多以物质条件投入为主

义务教育硬件条件的城乡有别是城乡义务教育不均衡的突出表现，因此，长时间以来，国家在推进城乡义务教育一体化中倾向于以硬件资源的投入来缩小城乡义务教育外在差距的资源分配手段。应当说，这种基于物的资源均衡的分配方式在城乡义务教育一体化的初期显现出明显的政策效果，较短时间实现了城乡义务教育办学条件的均等化，保障了适龄儿童的入学机会，义务教育普及化水平日益提升，但这并不能完全解决城乡义务教育一体化的问题，也不符合新时代城乡义务教育一体化的发展需要。因此带来了一些资源浪费和不均衡的教师流动现象。当前城乡义务教育一体化由追求物的配置公平转向追求人的发展公平。马克思的正义观念认为任何人都是目的本身，任何人都不应成为实现另一部分人利益的手段和工具，这正是人的尊严所在。基于物的资源配置均衡的城乡义务教育一体化发展能缩小城乡义务教育学校发展的硬件差距，改善学校的办学条件，是实现义务教育城乡均衡发展的基础，但并不是义务教育发展的终极目标。"教育生态系统不是自发的系统，而是一种目的的系统。教育生态系统的目的性，在于培养出社会所需要的人才"[1]，当前教育公平的发展已经由物的均等进入了以人为核心的评估域。[2]习近平在全国教育大会指

---

① 吴鼎福，诸方蔚. 教育生态学 [M]. 南京：江苏教育出版社，1990：99.

② 程天君. 以人为核心评估域：新教育公平理论的基石——兼论新时期教育公平的转型 [J]. 华东师范大学学报（教育科学版），2019，37（1）：116–123，169，170.

出："新时代新形势，改革开放和社会主义现代化建设、促进人的全面发展和社会全面进步对教育和学习提出了新的更高的要求。"①城乡义务教育一体化在借助分配正义实现了发展所需之物的资源配置公平后，应以促进人的全面自由和谐的流动为基础实现资源配置均衡。

4. 教师资源流动多以权力性分配为主

教师是教育活动必不可少的资源，亦是需要国家进行调控的教育资源之一，但是教师本身是人，亦有自主流动的需要，但长期以来，在我国城乡义务教育一体化中将教师等同于教育的物质资源，仅仅是将教师资源均衡配置当作推进城乡义务教育一体化的工具，资源配置的工具性思维较重，这也是当前我国教师向城性流动倾向较大的原因。

东北师范大学农村教育研究所课题组经过调查后发现，"65.7%的农村教师希望流动到城市任教。……流动到比原来学校教学质量好的学校或者从经济欠发达地区流入到经济相对发达地区的教师，占参与过流动的农村教师总数的80.36%"②，云南师范大学王艳玲教授参与的一项面向云南省30个县10356位乡村教师的调查也显示有近80%的受访教师流露出流动（调动）及流失（改行）意愿，而其中30岁以下青年教师的流动及流失意愿最为强烈。③这是源于对城市附带的优越生活条件、教育条件的向往所致。所以也造成了当前教师轮岗政策的被动，引发了教师权威性资源配置与学生流动所需要的教师资源配置之间的问题。特别是在无校籍管理中，如何做到教师的真正自觉流动是需要认真审思的问题。

二、城乡义务教育一体化发展的实践探索

有关城乡义务教育一体化发展的政策要求，还只是一体化发展的应然、规范与约束。从政策要求到发展实践，从原则规定到具体行动，并不完全是

① 习近平在全国教育大会强调 坚持中国特色社会主义教育发展道路 培养德智体美劳全面发展的社会主义建设者和接班人［N］.人民日报，2018-09-11（1）.
② 邬志辉.中国农村教育发展报告2013—2014［R］.长春：东北师范大学农村教育研究所课题组，2014.
③ 王豪.用脚投票击中乡村教育发展"软肋"［N］.中国青年报，2021-02-01（8）.

一致关系或对应关系。具体行动会暴露出政策设计难以预见的问题或障碍，同时来自实践者的创造性的探索，也会为政策设计提出经验和建议。因此，总结当前我国部分地区在城乡义务教育一体化上的路径探索，有助于揭示城乡义务教育一体化发展的共性和特色，为推进城乡义务教育一体化高质量发展提供启示。

城乡义务教育一体化就是将城乡义务教育当作一个整体、一个系统，打破城乡义务教育二元分治制度障碍，实现城乡义务教育资源共享，教育要素城乡间的合理自由流动，实现城乡义务教育共享共生。围绕着城乡义务教育一体化发展，各地方政府也因地制宜制定了一些具体的政策，布置城乡义务教育一体化发展工作，推进城乡义务教育资源共享，促成教育要素流动自由。成都市从2003年开始作为全国城乡义务教育一体化试点城市，通过"推进教育发展规划城乡一体化、推进办学条件一体化、推进教师配置城乡一体化、推进教育质量城乡一体化、推进教育评估城乡一体化、推进教育经费城乡一体化、推进教育机会城乡一体化"[①]七大举措有效深入地推进了当地的城乡义务教育一体化，并在全国形成了较好的推广经验。北京海淀区通过委托承办、集团化办学方式引进优质校到农村高标准建新校等途径促进农村学校高起点发展，扩大农村优质学位，启动学区制改革，将学区与当地镇政府结合起来，打破校际资源壁垒，搭建资源统筹平台，推动全区义务教育城乡一体化发展。浙江海盐县通过城乡校际结对联动发展行动计划，在全县范围内通过建立七大城乡学校联动发展共同体，积极实施城乡名优教师短期互派交流、名优教师下校教育诊断、县城名优教师到农村支教、学校特色联动发展、农村学校教师到城镇学校锻炼等六项校际联动发展工作机制，在县域内形成了"合作共享、公平竞争、共同发展"的教育联动发展态势。[②]青海西宁自2016年开始先后组建了12个跨城乡管理的教育集团，通过"管理互融、师资互派、教学互通、学生互动，资源共享、文化共育、党建共抓、质量共评"的"四互四共"办学模式，以打通城乡

① 成都深入推进城乡一体化促全域教育均衡优质发展[N].中国教育报，2012-02-02(1).

② 海盐城乡义务教育一体化改革发展的实践与探索[EB/OL].（2017-01-17）[2018-11-17].http://www.moe.gov.cn/jyb_xwfb/xw_zt/moe_357/jyzt_2016nztzl/ztzl_xyncs/ztzl_xy_dxjy/201701/t20170117_295075.html.

学校间资源配置和要素流动的障碍。①这些为城乡义务教育一体化提供了很好的经验。为深入了解城乡义务教育一体化的实践逻辑，探寻城乡义务教育一体化下要素流动与资源配置互动的操作模式，本书结合调查选取市域、区域以及县域的相关做法予以阐释。

（一）集团化办学模式

通过集团化办学，扩大优质教育资源覆盖面是当前我国市级层面推进城乡义务教育一体化中一种较为常见的实施模式。这里所说的区（市）域并不是广义上指的我国的东部区域、西部区域，而是指一市范围内的区域。市内划区是随着我国行政体制改革而产生的。2012年，国务院《关于深入推进义务教育均衡发展的意见》指出："发挥优质学校的辐射带动作用，鼓励建立学校联盟，探索集团化办学，提倡对口帮扶，实施学区化管理，整体提升学校办学水平。"②2015年，教育部工作要点指出，"要推动义务教育阶段学校联盟、集团化办学取得新进展"③，2016年，《国务院关于统筹推进县域内城乡义务教育一体化改革发展的若干意见》也提到可以"通过城乡义务教育一体化、实施学区化集团化办学或学校联盟、均衡配置师资等方式，加大对薄弱学校和乡村学校的扶持力度，促进均衡发展"④。2018年7—8月，中华人民共和国教育部网站推出了一个"关注城乡义务教育一体化发展"栏目，共推出了重庆永川区、宁波鄞州区、江西新干县、河北省大名县等四个地区推动城乡义务教育一体化的具体做法（见表4-2⑤），通过梳理这四个地区推进城乡义务教育一体化的做法发现，集团化、组团化发展是这四个地区推进城乡义务教育一体化普

---

① 青海西宁以跨乡集团化办学促义务教育均衡发展［EB/OL］.（2019-12-13）［2020-11-17］. http: //www. moe. gov. cn/jyb_xwfb/ s5147/201912/t20191223_413109. html.

② 国务院关于深入推进义务教育均衡发展的意见［EB/OL］.（2017-01-17）［2020-11-17］. www.moe.gov. cn/jyb_xwfb/xw_zt/moe_357/jyzt_2016nztzl/ztzl_xyncs/ztzl_xy_zcfg/201701/t20170117_295047.htm.

③ 教育部2015年工作要点［EB/OL］（2019-02-12）［2020-11-17］. http: //old.moe.gov.cn/publicfiles/ business/htmlfiles/moe/moe_164/201502/183971.html.

④ 国务院关于统筹推进县域内城乡义务教育一体化改革发展的若干意见［EB/OL］.（2016-07-11）［2020- 11-17］. http: //www.moe.gov.cn/jyb_xxgk/moe_1777/moe_1778/201607/t20160711_271476.html.

⑤ 根据中华人民共和国教育部网站发布的我国部分地区城乡义务教育一体化改革发展实践探索案例总结绘制。

遍采取的模式，可见义务教育集团化办学对于推进城乡义务教育一体化有着可运作的价值。

表4-2　部分地区推进城乡义务教育集团化办学的具体探索

举措	地区			
	河北省大名县	江西新干县	宁波鄞州区	重庆永川区
加大经费投入	加大投入，城区扩容，乡村提质，扩容与"全面改薄"同时进行	县财政设立了村小建设专项资金	连续五年每年建成亿元级农村学校，出台农村特岗教师津贴、区边远地区教学津贴	加大教育投入、优化教育资源布局，扩容城镇教育资源，创新互联网+教育
优化资源配置	以优带新，以强并弱，组团发展，让优质教育资源最大化	建设美丽校园，组建兴趣小组，发挥教师专长，建设特色学校	学校规划建设、城乡师资配置、教师待遇保障、深化教育改革统一标准	合理调配优质资源到弱势学校，实现弱势学校转型，支持校本课程开发、特色校园文化建设、特色学校建设
重视教师队伍	加强教师队伍建设，城乡教师共同发展	尽教师所能，发挥教师教学长处，推出教职工专业成长"十个工程"，设专项资金保障教师福利	提高乡村教师编制配备标准，推动城区骨干教师到农村交流任教，推动城乡教师双向流动	城乡师资队伍资源共享，实施片区教研，创新推进卓越课堂、实践大课堂"1+5"行动计划
发展模式	城乡教育联盟、组团化办学	"量身打造"开展村小标准化建设，项目化促进学校高效管理	建立27个教育集团	以大带小，以强带弱，14所学校一体化发展

1. 集团化办学的概念

尽管教育集团化办学模式在我国城乡义务教育一体化中广泛存在着，但何谓教育集团化办学？什么样的状态叫作"集团化"办学？为什么不直接称呼为"一体化"办学？我们需要从教育集团化办学的概念说起。首先，来看"集团"，《牛津高阶英汉双解词典》中显示的是"group"，具体解释为"a number of companies that are owned by the same person or organization"[①]，中文理解为由同一个人或组织所持有的许多公司称为集团。《现代汉语词典》对

---

① 霍恩比.牛津高阶英汉双解词典（第6版）[M].石孝殊，等译.北京: 商务印书馆，2004: 775.

"集团"的解释是"为了一定的目的组织起来共同行动的团体"[①]。从概念上来说，"教育集团"可以理解为许多学校的集合体，这个集合体是为了一定的教育目的而组建的，并且由同一个机构进行管理。在我国"教育集团"运用在各类型教育中，有职业教育集团、高等教育集团、学校与企业合作的教育集团、民办教育集团等，本书特指我国义务教育领域中由公立义务教育学校所组成的义务教育名校教育集团，是依托名校或者说是优质校（从城乡义务教育一体化角度来说似乎不应该再有名校、强校之分，但由于历史遗留和现实的原因，当前我国确实存在薄弱校与优质校之分，姑且称作名校）而建立众多学校组合。

义务教育集团化办学作为整合义务教育资源、集聚优质资源推动义务教育城乡一体化、内涵发展、体制机制改革的一种方式，近年来，作为推进城乡义务教育一体化的一种有利探索在很多地方予以实践，比如常州市、北京市等都在集团化办学方面作出了有意义的探索。安徽省的合肥市为整合城乡义务教育资源，实现市域内义务教育一体化发展，大力推行集团化办学模式，形成了一定的经验。

2.集团化办学的具体案例

安徽省合肥市是该省的省会城市，在快速城镇化的背景下城镇人口规模迅速提升，城镇人口由2011年的486万人上升到2019年的818.9万人，城镇化率由2011年的64.6%上升到2019年的76.33%，城镇人口的增加使得居民对城市公共资源的需求进一步提升。同时，合肥市经济发展总量提升迅速，由2011年的3636.61亿元增长到2019年的9409.40亿元；合肥市经济发展位居全省首位；合肥城市空间拓展快速，城市建成区面积由2011年的304.3平方扩展到2019年的11496平方千米，十年不到就扩展了近4倍，城市空间面积发生了较大改变，进一步加大了城市教育资源空间分布的困难性与不均衡性。合肥市由于大都市发展，将巢湖等地并入了合肥，城市区域范围广大，各个区县之间教育资源表现出较大的不均衡，优质教育资源过于集中，面临较大的发展矛盾。在当前大都市发展的需要下，为了促进城市发展，合肥市出台了随迁子女低门槛入学制

---

① 中国社会科学院语言研究所词典编辑室.现代汉语词典（第7版）[M].北京:商务印书馆,2018:611.

度，即只要在合肥居住满一年及有务工合同即可享受城市义务教育资源，不仅如此，在实际操作中也存在"零门槛"现象，这使得城乡义务教育资源面临着诸多挑战。最后，合肥市作为长江三角一体化发展的重要城市，城镇化的进程不断加速，同时伴随着人口政策的调整，如何坚持城乡教育统筹规划，逐步缩小城乡教育发展差距，成为合肥大都市圈发展和教育强市发展的重要命题。

遵循国家教育发展规划和教育政策精神，合肥市于2018年先后发布关于统筹推进城乡义务教育一体化改革发展的实施意见和关于统筹推进该市义务教育集团化办学的通知两份文件，强调在该市全面推进义务教育集团化办学，"实施城镇学校托管乡村薄弱学校，提高乡村教育发展水平，控制和消除大班额，加快缩小城乡教育差距，打造优质教育品牌"[①]，并指出到2020年，全市集团化办学学校要覆盖全市义务教育学校总数的50%，当前集团化办学已经成为该市实施城乡义务教育一体化，推进义务教育均衡发展的鲜明特色。该市"十四五"规划还特别指出，扩大优质教育资源供给，推广区域教育结对帮扶、集团化办学等模式，积极引进国内外名校在肥办学，构建与人口规模和群众需求相适应的高质量教育供给体系，打造"学在合肥"品牌，推进城乡义务教育一体化[②]，当前合肥已经形成了"159个教育集团，占公办教育学校的93.3%"[③]。

Y区位于该市主城区东部，下辖1个镇、1个开发区、11个街道，常住人口约100万人，辖区内截至2019年9月，全区有公办小学28所，初中5所，九年一贯制学校2所，教学点59个，另有民办学校6所。2018年，该区通过"优质品牌学校+新校""优质品牌学校+新校+潜力校"的方式将全区学校分成八大教育集团，涵盖34个成员校，教育集团的管理和运行方式有专门的集团章程予以指导。教育集团在集团章程的指导下宏观管理集团下的学校。2018年，该区集团化办学实施方案对集团运行方式进行了规定："集团总校与分校（校

---

① 摘自合肥市《关于统筹推进全市义务教育集团化办学的通知》。

② 中共合肥市委关于制定国民经济和社会发展第十四个五年规划和二〇三五年远景目标的建议［EB/OL］.（2021-01-17）［2021-02-17］.https：//hf.news.fang.com/open/38394094.html.

③ 十三五期间合肥教育投入超过一千亿元［EB/OL］.（2020-12-30）［2021-01-05］.https：//cbgc.scol.com.cn/news/595679.

区）实行'多个校区，一套管理，一种考核'的模式，实行'五个统一'，即'办学目标统一、教学管理统一、师资配置统一、招生工作统一、考核评价统一'。"①

Y区的集团运作模式主要有三种：

第一，Y区HP小学教育集团运作方式。HP小学教育集团包括7所小学，是依托名校HP小学而建立的教育集团，其中HP二小属薄弱学校，二小位于该区东部一镇，地处城乡接合部，2012年由原来的两所村小合并而成。建校之初，教师队伍老年化严重，学生主要包含该镇祖居户和进城务工子女，学校教学力量非常薄弱。近年来，随着该地区回迁房的投入使用，二小的生源主要包含回迁户和进城务工子女，这部分生源占到近三分之二，学生数逐年递增。HP二小建立初期，HP教育集团派送本部骨干力量到分校，帮助分校规划发展方向及发展特色，投入大量物力、财力、人力，在发展过程中给予多方面的帮扶：理念上的提升，学校管理的优化，教师结对帮扶，各级各类的培训指导等。实现资源共享，共同发展。

第二，XZ教育集团运作模式。XZ教育集团依托XZ学校建成，集团目前4个分校，2个校区。2018年12月27号，为进一步深化该区教育综合改革，满足人民对优质教育资源的需求，发挥教育资源优势，该区开启集团化办学，实行共建共进，提升教育品质，组建XZ学校教育集团。集团在总体管理上采用集团统一制定办学章程，接受上级教育主管部门领导，校长全面负责，党总支部监督保证，教代会民主管理。成员校校长（除四十中分校）由集团理事会统一安排。教师管理方面，由集团统一协调师资配备，并积极推动集团内教师交流，近些年交流比例达36%，实现了管理力量和师资的优化配置与深度交流。集团校之间教师交流时间至少三年（完整一届），之后再作进一步安排。学校领导干部流动方面，集团领导干部实行深度交流，所有中层以上领导在集团校分校设立办公室，参加每周的校务会。集团校之间校级或中层领导交流时间至少1年。集团教学资源流动共享层面，集团教科研工作实行一体化管理，常规教研分校区（分校）进行，如每周一次的教研组活动、校本课程等，目前学校

---

① 摘自合肥市Y区关于深入推进义务教育学校集团化办学实施方案。

除毕业班和小学低年级外，均开设校本课程，开发教师专属课程达102门，实行网上选课和走班上课。此举提升了教师教学研究能力，拓宽学生成长路径，丰富了学校的校园文化。特色教研全员参与，校区联动，如行知书院的读书活动、学校的校本培训等。

第三，SSB教育集团管理模式。管理集中统一。集团中心每周一下午举行行政例会，各校区中层领导参会。例会上统一集团工作步调，谋划集团当下工作。每周五下午，举行集团理事会。各分校、校区的负责人参会，开展理论学习活动，商讨集团发展事务。每月制作集团简报并上报教体局。集团师资力量共享。自集团成立以来，总校已向各分校交流了62位教师，超过起始年级的三分之一。其中骨干教师共40人，占了交流总量的一半以上。交流到各分校的中层及以上领导干部共8人。同时，学校还大力通过绿色通道引进教育人才。最近三年，共有41位教师通过绿色通道进入该教育集团，其中27位教师进入了各分校，占到总引进人才的65%。集团每年还派出工作组到各大师范院校招聘国家免费师范生。这两年集团共招录了4位免费师范生，其中就有3位进入集团分校工作。教育集团还充分利用安徽省统一招考和学校自聘教师招考等形式，招录优秀教师，充实到集团内各分校和校区。教育集团努力开展各种教师培训，积极提升教师队伍素养。举办明光大讲堂专家进校园活动，集团邀请省市各学科专家和一线名师进校园，发挥学科知名专家的示范引领和辐射作用，带动广大教师积极研究提高课堂教学效率的方法、模式，实现优秀资源的共享和学科教师的共同成长。充分发挥集团优秀教师资源优势，开展讲座培训，集团内拥有市级以上骨干教师、教坛新星等名师近200人，他们在教育教学管理和班级管理中形成独特的教育思想和班级管理理念，学校在各校区利用教师例会和班主任例会的时间开展讲座活动，将学科名师和名班主任的教育思想和管理理念高度浓缩、交流共享。扎实开展师徒结对活动。集团制定了师徒结对制度，为每位新进教师配备了学科师傅和班主任师傅。在手把手的传帮带中，提升新进教师的学科素养和实际能力。

积极开发校本课程。校本课程开发上，集团校本课程共分为五大"课程群"，即微光人文课程群、曙光科学课程群、星光艺术课程群、荣光体育课程群、阳光生活课程群。每个课程群对应包括基础课程与校本课程在内的不同学习领域的课程内容。集团大通路校区为总校的校本课程实施区，目前共开设了"管窥经典"等60门校本课程。东校依托集团总校的"明光课程"，结合东校实际，一方面将学校所处地方的区域特点、自然景观、人文历史，如钢铁文化、"一里三公"文化，与学校的课程开发相结合；一方面考虑学生的参与意愿和能力，从德智体美劳五个方面设置校本选修课，采用学生自选、走班上课的形式，形成一套内容丰富、立体呈现的综合性课程。在校本选修课方面，开设了竹笛、棕编、刺绣、糖人、生物探究、中医、咏春拳等校本课程。而集团北校在机器人、科技创新、模型、校园足球等领域树立了特色校本课程。

3. 集团化办学的基本特征

义务教育集团化办学在实现义务教育学校以大带小、以强带弱、以城带乡方面发挥了一定作用，取得了良好的效果。目前Y区通过义务教育集团化办学在集团内实现了教研活动共享、优质教育资源互补、共享，形成了良好的学校发展共同体，在一定程度上带来了校园环境、师资锻造、学校文化等方面的整体发展。由上文可知，当前义务教育集团化办学有这样一些实践逻辑。

（1）集团内学校"一个法人，管理一体化"

从上文中，我们可以看到集团内学校由集团统一制定办学章程，接受上级教育主管部门领导，校长全面负责，党总支部监督保证，教代会民主管理，成员校校长由集团理事会统一安排，确保了集团内学校办学理念的一致。事实上，很多地方的集团化办学都是采取这种方式。2016年7月21日，《羊城晚报》报道了珠海市义务教育集团化办学联盟的运作模式。报道介绍了珠海将通过"市级统筹、各区配合、牵头学校负责"的方式组建跨区域集团化办学联盟。办学联盟由牵头学校和加盟学校内设集团化办学联盟理事会，由牵头学校校长任理事长，加盟学校校长任副理事长。在实施的过程中，珠海市教育局规定，牵头学校每年派出不少于60名骨干导师到加盟学校支教帮扶，加盟学校每年派出不少于60名青年教师到牵头学校跟岗学习。珠海市教育局还设立了办学联盟专项经费，每个初中办学联盟100万元/学年，每个小学办学联盟80万元/

学年。①

（2）集团内教师资源学校共享

由上文可知，集团内教师资源以及校长资源是共同培养、相互分享的。比如XZ教育集团所属各校目前由集团统一协调师资配备，要求集团内教师互相交流，交流比例达36%，实现了管理力量和师资的优化配置与深度交流。集团校之间教师交流时间至少三年；集团领导干部实行深度交流，所有中层以上领导在集团校某一分校设立办公室，参加每周的校务会，集团校之间校级或中层领导交流时间至少1年。而且集团也通过统一的教科研工作，提升集团内教师教育教学水平，XZ教育集团教科研工作实行一体化管理，常规教研分校区（分校）进行，如每周一次的教研组活动、校本课程等，目前学校除毕业班和小学低年级外，均开设校本课程，开发教师专属课程达102门，实行网上选课和走班上课。此举提升了教师教学研究能力，拓宽学生成长路径，丰富了学校的校园文化。特色教研全员参与，校区联动，如XZ书院的读书活动、学校的校本培训等。

（3）集团内学校既重统一也重特色化发展

集团化办学是依托名校和强校建立教育集团，但集团化办学不是让名校和强校大校取代薄弱校或小学校，也不是让薄弱校或小学校与大学校强学校名学校一个样，集团化办学是共同发展，不是发展一个样。在前文我们了解到，在集团化办学中，不同的分校会结合自身特色开展教育教学。集团化办学是在依靠优质学校办学资源的基础上，促进薄弱学校发展，薄弱学校借力提升，最终实现自主特色发展的道路，从而推进城乡义务教育一体化发展。如附属合肥HP小学集团的HP二小，学校坚持"健康、快乐、务实、求是"的教育理念，面向全体学生，全面实施素质教育，学校少年宫开设了阅读、书法、绘画、剪纸、笛子、葫芦丝、编程、舞蹈、黄梅戏、足球、合唱等社团课程，遴选优秀老师授课，使孩子们在学校就能享受高水平社团教育，丰富了他们的童年生活，开阔了视野，促进孩子们全面发展、个性发展。2017年该校还被Y区授予

---

① 吴国颂.义务教育阶段学校从此联盟办学［EB/OL］.（2019-01-31）［2020-11-17］. http://news.sina.cn/c/2016-07-21/doc-ifxuifip2488679.shtml.

首批"黄梅戏传承教学基地"，学生也在多项比赛中获奖，充分展现了集团内分校的特色风采。

（二）学区化办学模式

我国市一级层面的行政管理体制按照《中华人民共和国地方各级人民代表大会和地方各级人民政府组织法》和《中华人民共和国立法法》的规定，又将"市"分为设区的市和不设区的市。这里所指的区主要是指在市一级层面所划分的区。比如安徽省芜湖市就划分为镜湖区、弋江区、鸠江区、湾沚区、繁昌区5个区，在教育行政管理层面实行的是市一级教育局下面各区又设有区教育局，区教育局在市教育局的领导下，统筹管理全区的教育发展。而区内也有城和乡的学校的区别，因此本部分主要探讨区一级如何推动所属区内城乡义务教育发展。区一级在推动城乡义务教育一体化发展中主要采用的是学区化的无校籍管理模式。

1.学区化办学的基本内涵

2006年全国"两会"之时，已经有相关代表倡议国家"应该建立公办中小学学区管理体制，公平分配国家教育资源"[①]。后来教育部的相关政策中也提到要推行学区制、学区化办学，推动义务教育均衡发展。2012年，国务院《关于深入推进义务教育均衡发展的意见》提出："发挥优质学校的辐射带动作用，鼓励建立学校联盟，探索集团化办学，提倡对口帮扶、实施学区化办学，整体提升学校办学水平。"[②]2013年，中共中央十八届三中全会审议通过的《中共中央关于全面深化改革若干重大问题的决定》第一次将"试行学区制"写进了党的纲领性文件，指出"义务教育免试就近入学，实行学区制和九年一贯对口招生"，开启了学区制办学在我国的探索，2014年，《国务院关于深化考试招生制度改革的实施意见》再次指出："推进九年义务教育均衡发展，完善义务教育免试就近入学的具体办法，试行学区制和九年一贯对口招

---

① 曹智, 李宣良.建立学区管理体制从根本上扼杀"择校风"[N].中国改革报, 2006-03-10（5）.

② 国务院关于深入推进义务教育均衡发展的意见[EB/OL].（2012-09-14）[2019-07-05].http: //old.moe. gov.cn/publicfiles/business/htmlfiles/moe/moe_1778/201209/141773.html.

生。"①在国家相关文件精神的指导下，结合义务教育发展的实际需要，诸多理论者也就如何开展学区化办学进行了思考。丁金泉认为："学区制有利于区域内校区联合、优质教育资源的集合与共享，提高区域教育教学水平。"②褚宏启指出："在学区的划分上，可以按照地域的行政区域划分，也可以按照各地区的街道进行划分，最主要的是要确保区域内的优质教育资源均衡，最主要的举措是要加强区域内各学校的交流与合作，实现硬件和软件资源的共享，促进区域内义务教育优质资源均衡配置。"③

具体来说，学区一体化就是以本级行政区为单位，综合考虑本行政区内义务教育所有学校布局和教育资源的需求，以优质教育资源的均衡分配为主导，旨在打破原先的城乡对立分割的教育资源分配方式，系统建构学区内教师、教育经费、教育设备等资源的一体化配置，推动城乡义务教育一体化发展。

2.学区化办学的具体案例

当前，我国有些地区已经较为成功地推行了学区一体化管理模式。2013年以来，重庆岩口复兴学校通过实施"四项举措"实现学区一体化管理，较大程度上改善了村小办学条件，提升了村小教育水平，促进了学区教育均衡发展。这四项措施具体为：一是实行"走教制"，即村小学生艺体课、英语课由中心校专职教师每周按课表定时到村小任教，促进学区师资均衡；二是配餐制，每天中午村小师生的午餐由中心校食堂专人配送，确保村小学生营养午餐计划的落实；三是教学具学区同标准配备制，班班通、运动器材、书橱等教育装备村小和中心校实行同一标准配备，促进学区办学条件实现均衡；四是学区教科研一体制，练兵课、研究课、集体备课、校本培训等活动，村小和中心校教师一起开展，地点定期轮换，确保学区教师教学水平和能力共同提升。④重庆市岩口复兴学校的学区一体化管理措施正是实践城乡教师编制管理一体化较

① 国务院关于深化考试招生制度改革的实施意见［EB/OL］.（2014-09-04）［2019-07-05］.http：//www.gov.cn/zhengce/content/2014-09/04/content_9065.htm.

② 丁金泉.我国义务教育均衡发展问题研究［D］.上海：华东师范大学,2014：13.

③ 褚宏启.创新学区化管理模式　促进优质教育资源均衡配置［J］.北京教育（普教版）,2012（6）：10-11.

④ 文家祥.岩口复兴学校"四举措"实现学区一体化管理［EB/OL］.（2019-01-31）［2019-12-20］.http：//www.wzjy.cq.cn/ReadNews.asp?NewsID=24135.

好的路径。

芜湖市弋江区为推进区内学校教师资源共享，在国内较早地推行了教师无校籍管理模式。[1]2014年，弋江区区属中小学所有在编、在岗教师将实行"区管校用"制度。为更好地开展"区管校用"制度，弋江区下发了《弋江区关于教师"无校籍管理"的实施意见》，指出"教师聘用合同管理、岗位设置、人员调配、职称评定、组织培训等工作由区委教育负责"，各校负责在岗教师在校期间的日常管理；在推动教师动态调整、合理流动、科学配置上，兼顾学校岗位设置与人员结构、学校个性发展与优质均衡、全局需要与个人意愿，做到有序流动，划片、按比例开展教师交流；兼顾办学特色，鼓励优秀教师从热点学校向非热点学校流动，从教师富余学校向缺员学校流动。在无校籍管理的执行中，弋江区还在交流津贴和交通补助、评优评先和职称评聘上加大经费和政策倾斜。当前，弋江区教师无校籍管理已经开展了6年，由区教育局统一建立教师管理大学区，将教师由学校人变成系统人，统一调配全区的教师资源，为了促进教师流动，还设定了教师流动的配套津贴，有效地保障了区内教师的流动，实现了教师资源的共享。

3. 学区化办学的基本特征

《中共中央关于全面深化改革若干重大问题的决定》明确了"推进国家治理能力和治理体系现代化"的改革目标，这就要求，在教育领域要"创新学校管理模式，鼓励强校带弱校，组建教育联盟，推行学区一体化管理，不断扩大优质教育资源覆盖面"[2]。在这一系列背景下，学区化管理应运而生，成为推进城乡义务教育一体化治理体系和治理能力现代化的重要探索。学区制管理需要注意的不仅是学生上学区域的分配，更是治理区域化的表现，不是简单的"划学区"的动作，而是真正的学区化管理，学区化运作。

学区是教育教学资源共建共享的一个区域单元，是指统一协调管理一定地域内多个学校间的教育教学资源，实现相关教育资源的共建共享，从而从整

---

① 辛治洋,朱家存.无校籍管理:价值诉求和政策审思——以安徽省芜湖市弋江区为个案[J].教育科学研究,2018(8):18-23.

② 袁贵仁.深化教育领域综合改革　加快推进教育治理体系和治理能力现代化——在2014年全国教育工作会议上的讲话[J].人民教育,2014(5):7-16.

体上促进这个区域内的教育质量。学区化最核心的是要创新义务教育管理体制机制。义务教育学区制管理就是要改变过去一定区域内各个义务教育学校间资源管理分治的现象，形成一定区域内义务教育管理的统筹协调共治共享。从资源配置的角度来说，学区是教育资源共建共享的区域单元，是一个人力资源、物力资源共享的平台。对于一个学区来说，有利于改变集团校之间对于教师调配和教师待遇的处理难题。

学区制是义务教育管理体制机制改革的一种探索，旨在改革优化义务教育管理体制，更多的是一种管理体制改革的创新，这种管理体制不仅要解决"区"与"校"的关系，而且要解决"区内教育资源"与"校内教育资源"如何分配的问题。笔者在调查中发现，有的优秀教师申请到薄弱学校支教，但却面临着家长和学校层面不愿放优秀教师走的情况，另一方面也出现了教师为了评职称去薄弱学校支教而并非自愿去支教的现象。因此，学区制管理如何均衡区内教育资源，合理利用校内教育资源，真正发挥教师资源的效益最大化，促进各学校均衡发展，也是需要认真考虑的问题。

（三）县乡共管模式

我国地域广大，地域特色不一，既给教育发展带来了有利条件，也使得教育管理面临众多复杂的情况。因此，我国义务教育领域为了发挥县级政府的主动性，增强地方政府教育发展的活力和办学特色，在义务教育领域试行的是"省级统筹，以县为主"的教育方式。县域层面的义务教育发展与市区域层面的发展还存在着不一样的地方，市域层面尽管也有城、有乡，但总归是属于一个区域内的管理模式，但县域层面的复杂性就更大。这也给县域在推进城乡义务教育一体化中走适合自己的道路提供了可能和必要。

安徽省寿县是首批国家扶贫开发工作重点县、大别山集中连片特困县、淮河行蓄洪区核心县。受经济条件制约，寿县教育投入长期不足，历史欠账多，教育基础十分薄弱，无论是20世纪80年代的普及初等教育、90年代的普及九年义务教育，还是21世纪的义务教育基本均衡县的创建，寿县都是全省最后一批。2015年前后，寿县教育仍然面临诸多问题和困难，学校布局不合理，布点过多、布局分散，办学效益低；教师结构性矛盾突出，初中教师富余、小学教师短缺，学科结构、年龄结构不合理；教师流动存在机制障碍，补充不及时；管理体制不顺，乡镇党委、政府在教育方面的权责不清，管理和服务上没有抓手。2016年以来，在国家推进城乡义务教育一体化和乡村振兴发展的背景下，寿县积极探索"坚持以县为主，推进县乡共管"的教育综合改革，努力推进县内中小学学校科学布局、教师县乡共管，合理流动，深化学区制改革，加强乡镇城乡义务教育一体化发展督导考核，有效地提升了县域内城乡义务教育一体化发展水平，2017年9月，寿县高质量通过"义务教育发展基本均衡县"国家认定，该县推进城乡义务教育一体化的"县乡共管"模式也被教育部督导考核组概括为"寿县精神"与"寿县模式"。诸多新闻媒体对寿县深化教育改革、推进教育扶贫的做法都进行了详细报道。为探究寿县城乡义务教育一体化发展的成功经验，笔者于2020年6月18日深入寿县开展了相关调查，力求了解寿县城乡义务教育一体化的具体做法，为探究人口流动情况下，如何通过资源配置促进城乡义务教育一体化寻找实践逻辑。

1. 寿县教育发展背景和概况

寿县位于安徽省的中部，与合肥市、淮南市毗邻，是国家历史文化名城。2013年寿县出台《县城总体规划（2013—2030年）》，规划至2030年，城镇人口规模40万的城镇1个，10万人的1个，1.5～2.0万人的5个，0.3～1.2万人的15个，以及232个中心村（新型社区）。2019年出台《寿县城乡公交一体化专项规划（2019—2030）》，为城乡义务教育一体化发展奠定了良好的基础。

寿县于1986年被国务院命名为第二批国家历史文化名城，具有3000多年的悠久历史，是全国文化先进县、全国文物工作先进县、中国书法之乡，是楚文化的积淀地、"淝水之战"的古战场、安徽第一个中共党组织——小甸集特支的诞生地；寿县自然、生态环境优美，八公山是国家地质公园和国家森林公园，"天下第一塘"——安丰塘是我国古代四大水利工程之一，安徽省第二大淡水湖瓦埠湖，盛产银鱼、瓦虾，历史上被列为贡品。也因此，寿县是安徽省7个重点旅游城市之一，是长三角一体化发展的重要组成部分。

经济上，2019年全年地区生产总值（GDP）212.8亿元，全年常住居民人均地区生产总值达20207元（折合2929美元），比2018年增加3264元。城镇和农村常住居民人均可支配收入分别达26733元、12117元，分别增长8.4%、9.6%。[①]

寿县境内有汉族、回族、藏族、苗族、彝族、壮族、侗族、哈尼族、满族等9个民族。其中汉族人口最多，占总人口97%，少数民族中，回族人口居首位，占少数民族人口的99.8%，占人口总数的2.7%。各民族之间相处十分融洽，彼此之间交流也非常频繁。截至2019年末，全县户籍人口139.92万人，其中男性74.49万人，女性65.43万人。全年人口出生率10.11‰，比上年减少 1.49个千分点；死亡率5.23‰，减少0.09个千分点；自然增长率4.88‰，减少 1.4个千分点。年末常住人口 105.3 万人。

寿县教育部门统计数据显示[②]，2019年寿县有各级各类学校共211所，其中普通高中8所，普通初中学校53所，小学学校150所。2019年，寿县共有在校生149610人，其中高中在校生17127人，普通中学在校生60474人，小学在校生72009人。2019年，寿县共有专任教职工9204人，其中高中专任教师1133人，普通中学教师3886人，小学教师4185人。

近些年来，寿县在国家扶贫政策和乡村振兴战略发展推动下，经济发展水平有了显著提高，连续多年出现增长情况。在这一背景下，寿县始终把教育放在财政支出的优先保障地位，认真贯彻落实教育经费"三增长"要求，均衡配置城乡义务教育经费，并重点向乡村倾斜。仅2020年在义务教育保教费层面就投入了8717.7万元，保障了全县11.6万名学生免费享有国家课程教科书以及9.4万名农村义务段学生的营养餐计划。在硬件资源投入方面，寿县主要从教育装备和基础设施两个层面加强学校建设。从2019年以来，寿县共投资326万多元，建成了近60所小规模学校（教学点）智慧学校，实现该县小规模学校（教学点）智慧学校全覆盖。与此同时，为确保这些设备能够平稳运行，正常使用，该县还设置了维修费和更换费，仅2019年就投入了134万元用以更新学校的班班通等设备。[③]

---

① 2020年寿县政府工作报告[EB/OL].(2020-09-07)[2020-10-09]. http://www.huainan.gov.cn/public/118322785/1258337279.html.

② 阮成武.教育民生论[M].北京：人民出版社, 2021：322–323.

③ 顾松涛安徽寿县多措并举推进小规模学校智慧学校民生工程[EB/OL].(2020-03-17)[2021-02-19]. https://www.caigou.com.cn/news/2021031720.shtml.

2019年寿县教育事业发展数据统计显示，小学教学及辅助用房面积生均达到了3.82㎡，生均体育运动场馆面积达到7㎡，生均教学仪器设备值达到771元，每百名学生拥有计算机12台，生均图书近18册；中学教学及辅助用房面积生均达到了5.14㎡，生均体育运动场馆面积达到10㎡，生均教学仪器设备值达到1098元，每百名学生拥有计算机近13台，生均图书近30册。城乡学校标准化建设实现全覆盖。

2. 寿县"县乡共管"的具体做法

城乡义务教育一体化要实现要素流动与资源配置互动，最终需要依靠管理体制机制改革来实现。寿县大胆创新，在国家文件精神的指导下，出台了寿县《关于进一步深化教育管理改革的若干意见》以及《关于深化乡镇学区教育管理改革工作意见》等文件，创造性地推行了义务教育"县乡共管"模式，强化乡镇政府基本公共教育管理服务功能。从寿县等地的县乡共管实践中，我们可以总结，当前县乡共管对于消除一些大县城城乡义务教育一体化发展障碍、调动各方面积极性具有重要作用，这主要源于乡镇一级政府极强的属地适应性和地方性知识，省级政府在乡村义务教育管理时应给予乡镇一级支持义务教育发展的制度供给，发挥乡镇一级的教育治理优势。

教师是城乡义务教育一体化的重要资源，也是推动城乡义务教育一体化的重要抓手。寿县自2017年开始在5个乡镇实施学校教师无校籍管理。仅2018年，全县25个乡镇学区4968名符合改革对象条件的教职工积极投身改革，交流教师450人，采取民主推荐、竞争择优、能上能下的竞聘选拔任用机制，打破"校籍"隶属关系，使乡村偏远学校的进人难、留人难、分课难等棘手问题迎刃而解。实行竞聘上岗，盘活师资力量，基本消除岗位富余学校师资校内闲置、缺编学校师资短缺的矛盾。

三、城乡义务教育一体化发展的政策与实践逻辑

缩小城乡义务教育发展差距，实现城乡义务教育资源共建共享的城乡义务教育一体化发展是当前我国义务教育发展的重要战略，无论是政策层面还是实

践层面，都作出了诸多探索与努力，也产生了一定的效果，比如政策层面的经费保障机制，实践层面的体制机制创新，反思这些政策与实践，可以为新发展阶段我国城乡义务教育一体化要素流动与资源配置互动提供经验和启示。

（一）要素流动是城乡义务教育一体化资源配置的重要依据

城乡义务教育一体化发展的关键是将城乡的义务教育发展视为一个系统，一个整体，一体化发展。长期以来，义务教育发展城乡二元分治，义务教育资源城乡互不共享，不仅如此，还存在虹吸乡村优秀师资资源支持城市义务教育发展的情况，造成这种情况的一个根本原因在于未将城乡义务教育发展视为同一整体，重城市义务教育发展，轻乡村义务教育发展，先城市义务教育发展，后乡村义务教育发展，在社会层面形成了较为深刻的城优乡劣的社会文化观念，影响了城乡义务教育一体化发展。

近几年来，国家通过一系列的政策营造城乡义务教育一体化的氛围，如前文提到2016年专门出台的针对城乡义务教育一体化发展的政策以及在成都、重庆等地都设立了城乡义务教育一体化实验区，并且专门召开城乡义务教育一体化发展经验交流会，形成经验交流材料（如2018年的全国城乡义务教育一体化经验交流会），同时强化各地围绕城乡义务教育一体化工作开展自查，城乡义务教育一体化的工作举措以及发展水平已经成为各地政府推进义务教育均衡发展绩效考核指标之一。在这些政策和举措的推进下，城乡义务教育一体化已经成为指导城乡义务教育发展的基本原则。很多地方也结合实际在义务教育学校布局、教师资源统筹、经费保障层面建立了城乡义务教育一体化发展格局，推进城乡义务教育一体化发展。

由合肥市、芜湖市弋江区和寿县的实践可以看出，这三地都紧紧围绕国家和省政策安排，结合实际有特色地采取了一些措施推进城乡义务教育一体化发展。2017年，安徽省出台关于如何统筹推进安徽省县域内城乡义务教育一体化改革发展的实施安排，指出要将城乡义务教育一体化与新型城镇化、建设美丽乡村、人民脱贫、改革户籍制度等结合在一起，推进城乡社会与教育一体化发展。笔者在调查中发现，寿县在推进城乡义务教育一体化中，在城乡公交一体化建设方面的举措，不仅便利了城乡义务教育要素的流动，增进了县乡镇的信息沟通和融合，便于突破城乡义务教育管理乡镇管理的缺失，推进城乡义务教育资源共享，在调研中，相关教师也表示，因为便捷的交通，方便了他们下乡支教、轮岗，同时，便捷的交通也有利于合理规划学校布局，2015年寿县公办中小学共293所（其中教学点18个），2019年调整为203所，进一步整合优化了学校资源，增进了学校活力。合肥市也在整个城市发展"大都市圈"的定位下，实施城乡社会与城乡义务教育一体化融合发展战略，推进了城乡义务教育资源整合，提升了合肥市城乡义务教育一体化整体水平。

由此可见，正确对待城乡关系，将城乡义务教育发展视为一个系统，坚持城乡一体化发展观，将城乡教育发展纳入城乡社会发展，将城乡教育发展与社会发展视为一个整体，是破除城乡义务教育一体化发展体制机制障碍、统筹城乡义务教育一体化发展的根本前提。

（二）充足的经费支持是城乡义务教育一体化发展的物质基础

教育发展不是空中楼阁，其产生与发展本身就得益于生产力的提高。城乡义务教育二元结构的形成在某种程度上也是由于特殊的社会发展阶段，国家经济发展水平无法支撑城乡义务教育一体化发展，因此，在推进城乡义务教育一体化发展中，需要一定的经费支持。纵观国家政策及相关举措，可以看出近些年来为推进城乡义务教育一体化，国家加大了教育发展的经济投入。首先，是多年来保证了义务教育经费财政投入4%的基本格局，从2016年到2020年，"国家累计支出16.21亿元作为一般公共预算教育支出，使教育公共预算成为了国家公共预算第一大支出，2019年的国家财政性教育经费占GDP的比重达到了4.04%"[①]，有力地保证了教育事业的顺利发展，仅义务教育经费中央财政这5年共投入了6085亿元，为城乡义务教育一体化发展提供了坚强的经济保障。如前文提到，自2016年开始，在义务教育学校生均公用经费基准方面国家实现了定额，而且学生的"两免一补"也全面推开，不仅如此，还通过学籍卡等手段，实现了经费随学生而走。2020年的时候，还实现了乡村寄宿学校的生活补助和营养餐工程，学杂费免除工程，随迁子女的教育经费也有所保障，而

---

① 财政性教育经费投入连续8年占GDP4%以上［EB/OL］.（2020-10-20）［2020-10-29］. www.gov.cn/ xinwen/2020-10/20/content_5552753.htm.

且还专门设立了义务教育薄弱学校办学条件改善专项经费，确保了义务教育学校标准化建设，改善了城乡义务教育阶段儿童的学习条件，使城乡儿童获得了不管在哪里都能上学的经费保障，这是城乡义务教育一体化最核心的以生为本目标的体现。

在国家政策和经费投入的保障下，各地也加强了对教育发展的重视，加大了对教育经费的投入。合肥市在"十三五"发展期间，"累计投入教育经费约超1000亿元，改扩建公办中小学243所，扩大学位供给28万个，保障了大都市圈和城市规划调整下生源由2016年的67万人发展到2020年的83.8万人的需要"[①]，有效地缓解了城乡义务教育发展中的城镇挤情况，而且通过教育集团办学的模式也增进了城市优质学校与乡村薄弱学校的沟通与交流和资源共享，带动了乡村薄弱学校的发展。调查中发现，合肥市XZ教育集团在2017年投入500万，2018年投入2600万，使得原本属于薄弱学校的学苑小学改善了办学条件，成了集团内的优质校，由2016年无人问津、生源纷纷外流的学校，到2019年成了七年级有23个班、八年级7个班的热闹非凡的学校，不仅缓解了瑶海区的学位紧张问题，也实现了义务教育学校资源分布的均衡，有利于城乡义务教育一体化的可持续发展。寿县作为一个县域城市，积极落实教育经费"以县为主"的保障机制，"十三五"期间累计投入教育发展经费约50亿元用于薄弱学校改建、贫困学生补助、教师轮岗经费补贴等，极大地改善了当地的教育环境，"贫困县办出了富教育"[②]，使寿县在大别山革命老区义务教育均衡发展和城乡义务教育一体化发展方面成了先进的典型。

（三）体制机制创新是城乡义务教育一体化发展的制度保障

城乡义务教育一体化发展最大的障碍就是长期以来的城乡二元管理体制限制，城乡义务教育一体化的关键也就在于如何实现城乡义务教育发展体制机制上的一体化。一体化观念的树立是前提，但这种观念落实到实践中需要相关的制度予以推进。制度如果不能落实，相关政策不能保障到位，再强的一体化

---

① 十三五期间合肥教育投入超过一千亿元［EB/OL］.（2020-12-30）［2021-01-05］. https://cbgc.scol.com.cn/news/595679.

② 安徽寿县：贫困县办出了"富教育"［EB/OL］.（2018-10-29）［2020-12-08］. http://ah.ifeng.com/a/20181029/6982059_2.shtml.

观念也无法落地生根。因此，创新城乡义务教育一体化的体制机制是推进城乡义务教育一体化的重要保障。

近年来，国家在推进城乡义务教育一体化中，首先就将一体化机制建设作为重要抓手，在国家层面设立了城乡教师编制统一制度，教师、校长交流轮岗制度，乡村教师荣誉制度等，强化省级义务教育经费统筹制度，在国家层面为城乡义务教育一体化发展创建了良好的体制机制保障，推动了各地城乡义务教育一体化的有效进行。

弋江区在国家政策的引导下，率先在全国推行义务教育阶段教师"无校籍"管理制度，打破过去教师的学校人管理体制，将区内义务教育阶段教师整合纳入同一系统，进行综合调配。合肥市也通过集团化办学模式由集团统一管理集团内所有学校教师资源，实现教师资源的灵活应用。教师流动起来了，就会有利于生源的稳定，减少因学生流动而带来的资源配置的困难。因为学生流动，若信息把握不准就会带来控辍保学的难题，在这一点上，合肥市以及寿县也有相应的体制机制保障。合肥市在城乡义务教育生源管理层面，就采取了乡镇中心校统一管理村小和教学点的管理模式，由乡镇中心校统一了解教学点和村小的生源情况，做好集中调配工作，比如一二年级就近在村小和教学点上学，到了小学高年级就进入乡镇中小学入学，减少因就学困难带来的辍学问题。寿县的县乡共管模式也是这一理念的创新探索。当然，控辍保学不仅是因为就近入学困难，也有经济的因素，寿县在经费保障、补助上的体制机制创新给解决这一问题提供了可参考的模板。2016年寿县归入淮南，在淮南义务教育经费保障政策的指导下，出台了该县义务教育补助经费实施办法，在该办法中对困难学生的生活补助、乡村校舍安全保障的长效补助以及综合奖补机制进行了精确的划分（如下表4-3[①]）。每一项补助机制的详细设定，有利于计划的精准实施，保障了城乡义务教育一体化的顺利推进。

---

① 寿县财政局、寿县教育体育局关于印发《寿县城乡义务教育补助经费管理办法》的通知［EB/OL］.（2020-09-19）［2020-12-03］. http://www.huainan.gov.cn/public/118322929/1258350043.html.

表4-3   寿县城乡义务教育补助经费管理机制

城乡义务教育经费保障机制项目	补助标准、分配因素和计算方法
家庭经济困难学生生活补助	根据家庭经济困难学生数、补助标准和分配系数计算。家庭经济困难寄宿生生活补助国家基础标准为小学 1000 元/年·人，按国家基础标准，50%核定家庭经济困难非寄宿生生活补助标准。分配系数为中央分担50%，地方财政承担 50%。地方财政承担的部分，寿县全部由县区财政承担。计算方法为：补助经费=家庭经济困难学生寄宿生数×国家基础标准×分配指数+家庭经济困难非寄宿生数×补助标准×分配系数
乡村校舍安全保障补助机制	按照农村在校生数、生均建筑面积标准、单位面积补助测算标准、分配系数等计算。单位面积补助测算标准800元/平方米。分配系数：中央分担60%、省级分担40%。计算方法：补助经费=〔（农村在校生数×生均建筑面积标准–安全校舍面积）×折旧率1+安全校舍面积×折旧率2〕×单位面积补助测算标准×分配系数
综合奖补机制	对落实乡村教师生活补助政策的地区，按照奖补标准和调整系数等因素测算。奖补标准为2400元/年·人，以各地乡村教师年生活补助标准与奖补标准的比值为参考值，分档确定调整系数（参考值≥2，调整系数为2；参考值<2，调整系数为1.5；参考值<1.5，调整系数为1；参考值<1，调整系数为0.5）。计算的方法：奖补经费=享受政策教师数×奖补标准×调整系数。落实城乡义务教育相关政策成效明显的地区在此基础上适当予以奖励

（四）教师资源共享是城乡义务教育一体化发展的核心内容

城乡义务教育一体化的目标在于实现优质教育资源的共建共享，优质教师资源共享是其重要内容和重要抓手。纵观三种实践案例均十分重视义务教育教师队伍的建设，将推进城乡义务教育优质教师资源共享作为解决城乡义务教育发展差距、推进城乡义务教育一体化的重要抓手。一是，完善教师队伍补充机制，特别是乡镇教师队伍补充机制，如寿县近几年就通过特岗计划、乡村义务教育学校教师培养计划，提高义务教育教师招聘力度，为乡镇义务教育补充教师资源，不仅如此，还加强特岗教师的生活补助，补助标准达到了3.52万元/年·人；二是，加强教师教科研水平提升，合肥的集团化办学十分重视教师的教科研水平提升，通过教科研培训加强集团内教师的教科研合作和教育教学水平提升。如在瑶海区的集团化办学中就采用"请进来讲、走出去学、坐下来读、沉下身研、推出去讲、扶上台赛"等措施推动集团内教师教科研发展，以教科研能力提升促进集团内教育教学改革，提升城乡义务教育一体化内涵；三是推行教师"无校籍"管理，打通教师管理体制机制障碍，在加强教师素质能力的基础上，实现优质教师的资源共享。如弋江区的无校籍管理和寿县的教师无校籍管理政策等等，都为城乡义务教育一体化如何实现优质教师资源共享提供了很好的实践范本。在新发展阶段，也需要进一步探索教师资源分配新路径，为实现城乡义务教育一体化要素流动与资源配置互动提供基础。

四、小　结

自21世纪初以来，针对城乡义务教育发展不均衡问题，我国各级政府和教育行政部门颁布和实施了一系列相关政策，开展了一系列实践探索。从这些政策和实践来看，有的是为了消除城乡义务教育二元体制机制障碍，有的是为了平衡城乡义务教育学校校舍与设备水平，有的是为了解决乡村教育办学经费问题，有的是为了平衡城乡义务教育师资水平问题，有的是为了改善乡村儿童上学困难，还有的是为了协调城乡学校布局。从近期和表面上看，这些政策都是为了缩小城乡义务教育办学差距，从长远和深层次来看，这些政策则是为了实现一个总目标，即提高义务教育公平质量，全面推进教育现代化。而且无论是集团化办学还是学区化办学、县乡共管都是办学思路的转变和改革，关系着如何实现资源分散或分治转向资源整合的统筹协调发展，当前集团化办学、学区制管理、县乡共管等，都是对城乡义务教育一体化的一种有意义的尝试，反映出城乡义务教育一体化发展的核心要素：一是，政府支持和学校自觉是城乡义务教育一体化发展的重要推力。集团化办学更多是学校自觉的发展过程，而学区化和县乡共管则是由政府牵头进行的城乡义务教育一体化发展路径，从这里也可以看出城乡义务教育一体化不仅是政府的责任，也是学校教育应担负的责任。特别是学校特色发展的自觉对于乡村薄弱学校来说是重要的发展动力，有利于借助优质学校之力，改善学校发展境遇。二是，基本公共服务均等化是城乡义务教育一体化发展的重要支持。在寿县城乡义务教育一体化的发展过程中，可以看到寿县公交城乡一体化对于城乡义务教育要素流动和资源配置互动的重要推动作用，在合肥集团化办学中也可以看出城市经济发展和公共服务水平提高对城乡义务教育一体化的重要支撑作用。三是，城乡优质教师资源均衡配置是城乡义务教育一体化的关键因素。教师是最重要的教育发展资源，实现教师资源的流动与共享是推进城乡义务教育一体化的主要举措，这也是城乡义务教育一体化高质量发展的重要保障。但通过这些政策与实践，亦发现，近十年来，政府一直在做教育资源均衡配置的努力，而教育要素，特别是学生要素，已经呈现出高流动性的特征。关键问题是资源的均衡配置与要素流动没有实现良性的互动。面对教育要素的高流动性，要构建基于要素流动的资源配置机制，还需要政策和实践层面作出更大的努力。

第五章　城乡义务教育一体化发展的政策建议

　　政策是为解决一定时期的社会问题而制定的，当社会问题发生变化，政策实现路径也需要作出调整。当前我国社会背景以及主要矛盾已经发生了很大改变，对城乡义务教育一体化发展的重点任务也提出了新的要求。宏观社会层面城市化和城镇化的快速发展带来的对乡村资源的稀释虹吸，再加上现代化发展对乡村的极大冲击，乡村义务教育生源减少和乡村义务教育学校特别是教学点的自然消失是不以人的意志为转移的。乡村小规模校和生源减少后，这些消解城乡义务教育发展差距的固有资产比如学校、操场等因固定性而难以流动，就意味着一定的教育资源和经费的浪费。"这些服务设施通常不可转移、不可出售，除非一个人实际上真的需要它们，否则就没有什么用处。"[①]例如在义务教育均衡发展中对校舍功能室和操场面积的规定，难以满足多样化的义务教育学校发展的需要。而且这种外源性的资源输入观念，已经不符合我国城乡义务教育一体化发展的本质要求。而理论上大部分公共政策的制定、出台和推进都是建立在社会发展的合理性需要基础上的，目的都是解决现实问题，促使现实向着更美好的状态发展，但受到制度制定决策者的理性限制以及实际条件甚至是时空变化等等的影响，影响政策制定的背景以及一些因素的变化，会影响原定政策目标的实现。同时，在具体实践层面，尽管政策目标可能非常具体、措施非常精确，但由于现实过程的复杂性，往往也会影响政策的实施。吉登斯对行为与规则的二重性论述更强调人的主观能动性对规则及资源配置的影响，这种主观能动性在于对事物发展的高度洞察力。政府部门要提高政策的效力就需要加强决策的洞察力，这种洞察力需要依靠理念的指导、系统的规划和一定

---

① 　阿马蒂亚·森. 以自由看待发展 [M].任赜, 等译.北京: 中国人民大学出版社, 2002: 128.

的技术支持。要素流动是城乡义务教育一体化发展的结果和基本表现，并不是城乡义务教育一体化发展的问题，之所以要素流动会成为城乡义务教育一体化问题，是因为政府对资源的配置未能适应要素流动的需要，要素流动与资源配置不匹配成了制约城乡义务教育一体化水平的重要因素。要素流动已成为城乡义务教育一体化发展的常态，当前国家政策和相关实践也显示了基于要素流动构建资源配置机制已成为新发展阶段城乡义务教育一体化的内在逻辑。未来政策决策者应提高洞察力，把握要素流动给城乡义务教育一体化资源配置带来的新需求，及时作出政策应对。

要素流动是新发展阶段城乡义务教育一体化的社会背景，要顺应这一发展背景，实现城乡义务教育一体化中要素流动与资源配置的良性互动，在理念上应坚持新发展观，坚持以人民的美好教育需要和流动需要为基础统筹规划城乡义务教育一体化发展，健全教育资源配置省级统筹和社会协同机制，重视乡村义务教育振兴，加强教师队伍建设和家庭教育能力提升，在互联网师生信息管理大数据平台的保障下，切实保障每一个适龄儿童美好义务教育的需要，实现教育与人、与社会的可持续发展。

一、以新发展理念指导城乡义务教育要素流动与资源配置互动

"理念是行动的先导，一定的发展实践都是由一定的发展理念来引领的。发展理念是否对头，从根本上决定着发展成效乃至成败。"[1]新发展理念是当前以及未来很长一段时期内我国经济社会发展必须遵循的原则之一，是新时代推动社会各领域高质量发展的理念引领。党的十九届五中全会通过的《中共中央关于制定国民经济和社会发展第十四个五年规划和二〇三五年远景目标的建议》中强调"把新发展理念贯穿发展全过程和各领域"，紧接着习近平总书记在关于此建议的说明中进一步指出："必须强调的是，新时代新阶段的发

---

① 林兆木.把新发展理念贯穿发展全过程和各领域[N].人民日报,2020-12-03(9).

展必须贯彻新发展理念，必须是高质量发展。"①新发展理念的内涵即创新、协调、绿色、开放、共享，这是当前我国面临新的世界发展局势和国家发展要求，立足国内外发展经验和我国发展需要的基础上对未来社会经济发展理念作出的新定位和新要求，对于破解当前我国发展的难题及社会经济走向高质量发展具有重要的指导价值。当前我国城乡义务教育一体化仍然面临着城乡义务教育发展不平衡不充分的问题，制约了人民教育幸福感的获得，引发了乡空城挤、城乡师资不均衡等突出问题，新发展理念为城乡义务教育一体化提供了新的发展视角和方案。

（一）新发展理念强调城乡义务教育一体化发展以人民为中心

人民至上，是我国发展社会经济政治文化的基本立场和基本目标。新发展理念坚持以人民为中心，坚持发展成果人民共享。义务教育是人民的基本权利，社会经济的发展成果需要为满足人民日益增长的义务教育需求提供保障。

以人民为中心的城乡义务教育一体化要求教育发展能促进人的全面发展。教育是人的发展的需要，具有促进人的发展的功能，但促进人如何发展关系如何促进人发展。马克思指出，"实现人的全面而自由的发展"是唯物史观所要达到的高级目标。马克思从唯物史观的角度提出了人的自然属性和社会属性的统一："人的本质是一切社会关系的总和。"全国教育大会上，习近平指出："新时代新形势，改革开放和社会主义现代化建设、促进人的全面发展和社会全面进步对教育和学习提出了新的更高的要求。"②人的全面发展理念关注人的全面发展，不再单纯地追求人在教育中成绩的获得、学历的获得，更注重人的综合素质的提升和生存能力的提升，更关注人如何在现实中生活得更幸福，这种理念有助于消解分数至上、名校至上的追求，形成尊重人、包容人的社会氛围，为城乡义务教育一体化提供良好的社会心理基础。

长期以来，以城市为中心的社会发展一直是国家的战略决策、政策偏好

---

① 中共中央关于制定国民经济和社会发展第十四个五年规划和二〇三五年远景目标的建议［EB/OL］.（2020-11-05）［2020-11-19］.http：//www.gov.cn/zhengce/2020/11/03/content_5556991.htm.

② 习近平在全国教育大会强调 坚持中国特色社会主义教育发展道路 培养德智体美劳全面发展的社会主义建设者和接班人［N］.人民日报，2018-09-11（1）.

与实践取向，以此为事实背景的对城市的倾斜性多维支持使得城市在各个方面的发展全面领先。作为天平的另一端，农村发展的长期落后与惯性迟滞使得农村被视为贫困、落后的代名词，由此，农村人、农村教育、农村学生被打上了"弱者"[①]的烙印。因此，引发了人们的向城乡流动，影响了城乡义务教育资源均衡配置的格局。这种价值选择的教育政策尽管在一定程度上促进了我国教育和社会经济的发展，但也造成了深刻的社会不公平，催生了城乡义务教育一体化政策的必要，也影响了城乡义务教育一体化政策的推进。一定意义上来说，教育政策的制定是关于人们对建设何种社会，以何种资源调控促进人的发展与社会和谐发展的一种理性思考，是关于为人们提供何种生活与发展环境的思考，教育政策最根本的是关心如何组建最佳的社会状态促进人的美好生活。

城乡义务教育一体化不仅追求教育系统发展的一体化，更是城乡人民之于城乡关系认识、之于城乡生活场域中他人的一种认识，这种认识意味着人与人之间的平等、尊重和包容，而这才是城乡义务教育一体化政策的真正价值。在城乡义务教育一体化政策制定中过于关注教育对于社会分层的功能和个人成长的功能，较少关注教育是什么，回归教育本质，注重教育中的人的发展将是优化城乡义务教育一体化政策的价值基础。城乡义务教育一体化有助于促进适龄儿童平等地受教育。但这只是城乡义务教育一体化发展的最初阶段应能保障的事宜，随着发展的精进，教育机会与教育资源的平均分配已经不成为问题，关注教育过程的公平，以及以何种方式更加尊重包容人的自由全面发展可能成为城乡义务教育一体化的重要目标。

重视人的自由全面发展的教育政策，更着重于扩大人民的选择和更关注人民选择所必需的基本因素，从而确保人类自由和权利的更广泛的选择，它不仅关注给人的发展提供更好的外在条件和机会的公平，更追求如何在不利的条件下，为人的发展提供质量更好的教育的问题，这是一种定性的发展观。因此从教育与人的发展的本质来说，当前在城乡义务教育一体化发展中，我们所需要思考的是在薄弱的条件下，资源不足的条件下，如何更好地服务于人的发展

---

① 单成蔚.歧视知觉的社会建构——基于深圳市荔枝学校农民工随迁子女的考察[D].长春：东北师范大学，2017：28.

的问题，而这就需要构建多元包容的教育体系。

芬兰之所以在教育、技能和主观幸福感方面的幸福指数排名OECD国家第一，在收入和财富、工作和收入、健康状况、环境质量、个人安全、社会关系、住房和工作生活平衡方面高于OECD平均水平[①]，就缘于其开放多元的教育体系。芬兰早在1921年便开始实施义务教育，刚开始义务教育年限为7～16岁，2015年调整至6至17岁（包括6岁一年期的学前教育）。芬兰没有为某些人创造一个购买最优质教育的市场，而是建立了一个开放的教育体系来满足每个人发展的教育需要。芬兰的学校在高中之前都是综合性的、不分科也没有等级优劣之分的，在高中阶段学生可以选择上学术学校或职业学校。这为来自各种社会经济背景的学生提供了大量的教育公平，并且可以为学生自我发展提供良好的道路和学习平台。在义务教育（初中教育）结束时，芬兰学生必须决定他们是想继续学业进入大学，还是继续职业教育。但是，不管你是想进入大学还是进入职业中学，都没有正式的测试来确定他们的路径。唯一正式的全国性考试是大学入学考试（The university matriculation exam）：这是一套四门开放式考试，以考核问题解决技能为基础，而不是以学科知识为基础。尽管大多数上大学的学生都会参加高考，但高中毕业甚至大学入学都不需要参加高考——一些大学根据其他标准录取学生。芬兰法律规定，芬兰的学制没有结束的终点和明确的年龄限制，所有学生都有接受下一阶段教育的权利，只要他们完成了上一阶段的学习，而且学习年龄也没有明确限制。芬兰坚持学校教育的目的是注重个性的全面发展，包括知识、技能、价值观、创造力和人际特征。学校是学习的地方，学生发展的最终成就是自己的发展和成长，而不是某个通用标准。教育的发展不是追求短期的收益，而是集中于在教育系统内巩固某些基本价值观。学校领导不能仅着眼于日常管理职责和行政管理，而是要关注教育系统的可持续发展。

开放而多元的教育发展体系，有利于教育要素的自由充分流动，也有利于资源的合理配置。当前，我国城乡义务教育一体化水平已经有了显著提高，

---

① Finland's life［EB/OL］.（2013-09-19）［2019-09-19］. http://www.oecdbetterlifeindex.org/countries/finland/.

但历史的不均衡和现实的资源不充分之间的矛盾，使得我国城乡义务教育一体化发展产生了一些新的问题，"城镇挤乡村弱""城市大班额""乡村小规模校"的现象，都预示着城乡义务教育一体化任重道远、步履维艰。同时面对着人民日益丰富而多元的教育需要，城乡义务教育一体化如何与终身教育体系一体化的问题也成为新的挑战，对城乡义务教育一体化提出了新的要求。2019年，党的十九届四中全会报告指出："构建服务全民终身学习的教育体系，推动城乡义务教育一体化发展。"①

（二）新发展理念要求城乡义务教育一体化发展开放共享

城乡义务教育一体化要求破除城乡义务教育二元发展模式，实现城乡义务教育统筹融合发展，这是符合新发展理念的根本要求和基本理念的。新发展理念要求社会发展的包容和融合，要求将社会作为一个系统来发展，系统内彼此合作共享，当前城乡义务教育一体化发展要顺应教育发展新格局，高质量发展的需要，构建创新、协调、绿色、开放、共享的城乡义务教育一体化发展格局。这种布局下的城乡义务教育一体化发展首先需要坚持国家新发展理念，以人民为中心，按照"四为服务"的办学方针，满足大家"上好学"的新义务教育需求，也要满足社会经济发展由外延式发展向高质量内涵发展的需求，为国家人才培养打好基础。

开放共享的城乡义务教育一体化要求坚持教育共同利益的立场。回归教育本质的城乡义务教育一体化政策是人的发展理念在教育中的目标深化，人的发展是社会、人类存续的基础。教育作为人类特有的活动，产生于人的发展需要，并为着人类的发展，不单单是为了某一个个体，某一区域的人，更不应城乡有别。教育基本规律启示我们，教育的利益超越个体、超越地界、超越时间，是人类共同的利益。我国城乡义务教育发展存在不均衡除了教育发展的自然差异外，还由于教育政策在城乡义务教育发展中有过一段时间的轻乡重城、先城后乡的抉择，其本质原因是没有将教育当作国家或人民的一项共同利益，

---

① 中共中央关于坚持和完善中国特色社会主义制度 推进国家治理体系和治理能力现代化若干重大问题的决定 [EB/OL]. (2019-11-05) [2019-11-10].http://www.qstheory.cn/zdwz/2019/11/05/c_1125196044.htm.

造成了教育成为某一部分人某一区域的个别利益，影响了城乡义务教育一体化。教育是共同利益的理念表明，教育不是某个人、某个阶层、某个区域的事业，在发展教育时，强调共同参与、共同治理，这有助于打破城乡义务教育发展治理的地域，统筹规划全国教育发展，使教育成为全民的事业。

开放共享的理念要求城乡义务教育一体化治理简政放权。城乡义务教育要素流动与资源配置互动的有限性表明，城乡义务教育一体化复杂，一体化治理主体之间的权责定义与划分有待讨论，一体化的经费来源有待保障，一体化治理方式的合理性、科学性有待探索。而这些问题的解决在于国家和地方是否真的将义务教育作为人类共同的利益来对待。如果在政策制定和执行中确实意识到教育是人类共同的利益，那么教育政策之于教育利益的分配便不会存在你有我无、城优乡劣、城先乡后之分。城乡义务教育一体化本就意味着将教育当作一定区域内甚至是全国范围内的共同利益，全民的共同的利益，统筹考虑，以生为本，以国为本，统筹规划国家教育公平而有质量地发展，这是对政府社会治理和教育治理能力的考验，需要构建科学高效的政府治理体系，要求政府必须理顺自我与地方的关系，适当"简政放权"，提升决策统筹和宏观调控的能力。一方面，政府应积极使用多元化以及差异化的方法，根据各地的教育发展实际情况以及各地义务教育不同的发展需求和优先重点发展事项，不能搞同一化、强制化。需要对城乡人口流动情况和城乡经济社会发展情况进行可靠和科学的预判，以便拟定合理可行高效率的政策措施。另一方面，政策必须依赖各地政府的支持与自我发展，争取更大的地方自主权以及社区对教育发展工作的更多参与，积极发挥乡土或地域的教育支持作用。更重要的是，政府应统筹考虑，全盘规划，构建全国教育发展一盘棋，增强全国地域间的义务教育发展合作伙伴关系，充分利用当前的"长三角一体化""京津冀"等协同发展实验区，建立"一体化"教育发展区域新样板，进而实现全国范围的义务教育一体化发展，这样也就无所谓城与乡了。

（三）新发展理念重视城乡义务教育一体化绿色可持续发展

要素流动与资源配置互动的实质是追求城乡义务教育一体化资源配置的可持续发展。新发展是追求绿色的发展，绿色发展讲究节约、环保，有助于改变城乡义务教育发展重投入轻建设现象。当前，我国城乡义务教育一体化已经完成了对城乡义务教育办学条件一体化的建设，接下来就将进入如何向资源要质量的阶段，而对于城乡义务教育一体化中所出现的重投入轻建设现象也需要新发展理念予以统筹。新发展理念强调绿色发展、协调发展。绿色发展在于建设城乡义务教育一体化发展的良好生态，杜绝城乡义务教育一体化中的资源浪费现象。当前城乡义务教育一体化中的资源浪费现象有几层含义：一是校园硬件资源的投入重于使用，资源投入后未能发挥真正的效应，比如电子白板、智慧校园等项目建设流于形式，未能真正发挥作用，而且在资源投入时缺哪里补哪里，未曾统一规划，以至于乡村校园缺少整体美和教育美之感。二是校舍建设存在浪费现象，这里的校舍浪费并不是说保留村小的现象，保留和办好村小是"20%"的弱势群体利益的最低保障，这种校舍是由于撤点并校或老城区新建校区后对现有校区的浪费，包括投入的建设和学校已有的资源等。笔者在调研中了解到，有一个学校有着标准的操场、篮球场、足球场和活动场，但生源数的增加就导致这个学校不得不扩建校区，而原有学校又没有可扩建的空间，于是就另择地而建，新校区建成后，这些资源就成了闲置资源。也还存在重复建设现象，某区一小学在新校区建成后将老校区转改成了政府办公楼，但随着二孩政策和城镇化的发展，又不得不将转走的老校区再收回来，重新粉刷改建成校园模样，一来二去，存在着资源重复使用和浪费现象，新发展理念的绿色发展要求在发展中要加强统筹规划，要有长远的眼光，来定位当地的义务教育发展，减少资源浪费，促进义务教育资源可持续发展，实现教育资源配置效率与公平的兼顾。

（四）新发展理念要求坚持城乡义务教育一体化系统治理

要做到要素流动与资源配置良性互动，必须坚持系统观念。城乡义务教育一体化是为了消除过往的城乡义务教育发展二元分割、二元分治，将城乡纳入同一教育发展系统中进行考虑，同时也将教育纳入城乡经济社会发展的同一系统来总体规划城乡义务教育发展。首先是要将城乡义务教育与城乡社会发展纳入同一系统，统一规划发展，其次是要注意教育本身是一个大系统，城乡义务教育一体化不仅要关注外在的发展条件，也要重视内涵发展，比如学校建设、教师发展与学生发展一体化问题。

　　日本在发展偏僻地教育中特别注重偏僻地教育与当地社会的协同发展问题。日本政府通过其他社会政策推进乡村就地城镇化[①]，1953年出台《离岛振兴法》，特别是近年来，日本政府通过1960年颁布实施的《过疏地域活性化特别措置法》、1980年《过疏地域振兴特别措置法》、2000年《过疏地域自立促进特别措置法》辅助支持其偏僻地教育振兴，加大对偏僻地公共设施和产业发展的经济投入，对人口稀少的农村地区进行综合建设，改善居民住房条件等，留住偏僻地人口，为偏僻地教育提供了良好的社会基础，稳定了偏僻地生源的向城性流动，缓解了大城市资源配置的压力。此外，日本在偏僻地教育发展中也非常重视教育系统内部的一体化，针对偏僻地教师和学生发展需要制定了偏僻地教职员住宅建设、偏僻地综合活动室建设、偏僻地勤务员养成所运营经费补助、建立临时教员养成所、偏僻地学校发电设施建设费补助、偏僻地供水设施补助、偏僻地校车校船购入费补助、电影录像等偏僻地教学设备补助、偏僻地学校保健管理费补助、偏僻地学校给食振兴费补助、高度偏僻地面包牛奶给食费补助、学校浴池建设费补助、宿舍建设费补助、学生寄宿费补助、远距离儿童上学交通费补助等相关辅助政策。同时还针对偏僻地教师开设了教员养成所，专门开设复式教学学习与指导课程等以满足偏僻地复式教学的需要。此外，为了更好地调查研究偏僻地教育情况，还专门在北海道学艺大学设置了偏僻地教育研究所，以借助研究推动偏僻地教育振兴。自1954年开始，研究所研究、编制了偏僻地小学复式教学指南以及偏僻地复式教科书，发行了大量有关偏僻地教育实践的刊物并免费发往偏僻地学校，有效地指导了偏僻地复式教学的开展，提升了偏僻地教育教学质量，营造了偏僻地教育发展的良好生态。

---

① 李思经，牛坤玉，钟钰.日本乡村振兴政策体系演变与借鉴[J].世界农业，2018（11）：83-87.

二、以制度健全优化城乡义务教育要素流动与资源配置互动体制机制

党的十九大报告指出："不管出于何种发展水平，制度均为社会公平正义的形成奠定基础。通过对制度的创新与改革，尽最大努力消除人为因素作用下所形成的、与公平正义相违背的想象，使人们享有平等的参与权与发展权。"[①]就教育领域来看，城乡义务教育一体化要通过建立高效运行的各种机制体制来实现，如城乡义务教育一体化管理体制、城乡义务教育一体化财政投入体制、城乡义务教育资源要素融合管理体制等。如果缺乏这些体制机制，城乡义务教育一体化就成了空洞的口号，就会流于形式，教育领域治理体系的现代化就不可能实现。解决这些问题的关键在于实行城乡义务教育一体化发展省级统筹。2010年，《教育规划纲要》已指出，城乡一体化机制构建是推动城乡义务教育一体化的关键。因此，建立健全城乡义务教育一体化制度，建立省级统筹、市、县（区）主体管理，各级政府部门协同落实的责任制度，有利于推进城乡义务教育一体化。省级层面充分发挥全省城乡义务教育一体化统筹协调作用，确保城乡义务教育一体化的财政投入，市级要建立健全系统推进的长效机制，承担其监督和保障城乡义务教育一体化发展的责任。县（区）要根据各地实际情况，分步骤有特色地推进县区域内的城乡义务教育一体化。建立市级统筹、区主体管理，各级政府部门协同落实的责任制度。省级层面充分发挥全省城乡义务教育一体化统筹协调作用，确保城乡义务教育一体化的财政投入，市级要建立健全系统推进的长效机制，推进实施、监督检查相关改革项目。县（区）要根据各地实际情况，因地制宜推进县区域内的城乡义务教育一体化，确保一体化体制机制基本建立，资源要素有序流动，破除制约城乡义务教育一体化发展的二元壁垒。

---

① 高举中国特色社会主义伟大旗帜 为夺取全面建设小康社会新胜利而奋斗［EB/OL］.（2019-10-23）［2019-11-11］.http://cpc.people.com.cn/GB/64162/64168/106155/106156/6430009.html.

（一）建立以省级统筹为主的资源配置机制

城乡义务教育一体化发展旨在破除城乡界限，实现义务教育跨越城乡时空障碍的发展，是义务教育资源在城乡空间内的共建共享，这就需要打破地域限制、资源限制，需要基于共同利益的角度，本着促进人的全面发展的旨趣，统筹协调一定范围内的有利于城乡义务教育一体化的所有资源促进义务教育质量提升。

当前，我国城乡义务教育一体化省级统筹格局正在形成。一是形成了涵盖教育发展中人财物等多方面要素资源，包含教师工资、生均公用经费、学校标准化建设、学生资助、教育督导等多内容的省级统筹政策。2010年，《教育规划纲要》从六个方面对省级政府加强教育统筹综合改革试点作出了规定，指出要加强省级政府教育统筹责任，强化省级政府对于义务教育发展的统筹实施职能。2013年，党的十八届三中全会发布《中共中央关于全面深化改革若干重大问题的决定》，提出要"扩大省级政府教育统筹权"，深化教育领域综合改革。2019年7月，《教育部 国家发展改革委 财政部关于切实做好义务教育薄弱环节改善与能力提升工作的意见》指出，切实做好义务教育薄弱环节改善与能力提升工作需要省级统筹，有序推进。强调"义务教育薄弱环节改善与能力提升工作由中央统一部署，省级人民政府统筹安排，县级人民政府具体实施。由省级统筹中央和省级义务教育学校建设相关资金和项目，加大对贫困地区的补助力度，地市和县级确定轻重缓急和优先次序，合理制定工作目标，量力而行，明确具体任务，确保按时完成。地方各级教育、发展改革、财政等部门要各负其责、加强协作、形成合力，确保各项工作落实"[1]。一系列政策为确保城乡义务教育一体化提供了政策保障。

我国城乡义务教育发展不均衡的一个重要原因是城乡二元分化的财政投入体制。中共十一届三中全会以前，教育主要是国家包办，教育经费一般由中央财政按切块方式戴帽下达。1980年开始，财政管理体制由"统收统支"转变为中央和地方"分灶吃饭"，教育经费由中央和地方两级财政切块安排。1985

---

[1] 教育部 国家发展改革委 财政部关于切实做好义务教育薄弱环节改善与能力提升工作的意见[EB/OL].（2019-07-18）[2020-11-11].http://www.gov.cn/xinwen/2019-07/18/content_5410847.htm.

年，《中共中央关于教育体制改革的决定》确立了"分级办学"的教育管理体制，提出把发展基础教育的责任交给地方，有步骤地实行九年制义务教育，并赋予了"地方可以征收教育费附加"的权利。以至于很长一段时间内我国的基础教育都是"县办高中，乡办初中，村办小学"，美其名曰"人民教育人民办"，实际上是"农民教育农民办"。不仅如此，1994年国家实行分税制改革，中央和地方各自负担本级的各项事业费，"造成公共服务属地分化分割及区域碎片化，东部与中西部地区义务教育差距进一步拉大。一些地方政府为寻求税源和减少公共支出，在一定程度上降低了公共服务的提供水平"①。经费投入的碎片化直接影响了城乡义务教育发展的水平。2000年以后，国务院出台《关于基础教育课程改革与发展的决定》《关于完善农村义务教育管理体制的通知》《关于进一步加强农村教育工作的会议》等一系列文件，确立了"以县为主"的教育管理体制。在这种体制的影响下，长期以来我国的教育管理存在着事权和财权不相称的现象，县级政府无力承担教育财政负担，不仅没有缩小城乡教育差距，反而由于县级经济能力水平的有限性，城乡义务教育均衡发展更加困难。2006年修订的《中华人民共和国义务教育法》确立了"省级政府统筹"义务教育管理体制，但由于历史原因，在财政省级统筹方面还有待加强。2012年，财政部《关于切实加强义务教育经费管理的紧急通知》指出，在"省级统筹"原则的指导下，省级财政以及相关教育管理部门应明确辖区内各级财政应承担的义务教育经费比重，认真贯彻省级财政投入体制。当前，面对城乡义务教育一体化发展趋势，落实省级统筹财政管理体制是关键，应进一步深入贯彻落实2014年《关于进一步扩大省级政府教育统筹权的意见》、2015年《国务院关于进一步完善城乡义务教育经费保障机制的通知》、2016年《国务院关于推进中央与地方财政事权和支出责任划分改革的指导意见》和2017年《国务院办公厅关于印发对省级人民政府履行教育职责的评价办法的通知》等文件精神，构建省级统筹的义务教育经费保障机制。省级政府要发挥在规划制定、经费投入上的统筹作用，解决城乡公用经费保障协调不充分的问题，确保城市和农村生均公用经费标准达到统一。

① 阮成武. 我国义务教育均衡发展政策的演进逻辑与未来走向[J]. 教育研究, 2013, 34（7）: 37-45.

同时要建立省级统筹的统一的事权人权财权体制。2018年1月中共中央联同国务院印发了《关于全面深化新时代教师队伍建设改革的意见》正式提出要经过5年左右努力，普遍建立事权人权财权相统一的教师管理体制。建立事权人权财权"三权"统一的管理体制，这就需要省级政府部门疏通省域内教师管理的财权事权和人权问题，统一建立教师管理中心，给予教师管理独立性和自主性，以增强城乡义务教育一体化教师管理适应城乡师生流动的灵活性和实效性，提升教师资源利用效率，提升城乡义务教育发展质量。当前"以县为主"的教师工资管理体制，造成了城乡教师同工不同酬、同工不同境的尴尬，使得优秀乡村教师流失、优秀人才不愿进入乡村任教现象严重，造成了城乡义务教育优质师资不均衡，延缓了城乡义务教育一体化发展。所以要建立以省域为主的教师工资管理体制，确保省域内城乡教师不因从教的地域、任教的学校、生活的地区不同而在工资待遇、职称发展、医疗保障和生活环境上有所差异。在统一省域内教师福利待遇的同时，考虑乡村工作条件的艰苦性，建立乡村教师工作额外补助制度，鼓励更多的优秀教师进入乡村任教。日本城乡义务教育均衡发展的一个很重要的保障条件在于实行全国统一教师工资标准，乡村教师另有工作补助。

（二）健全政府与社会协同推进机制

研究城乡义务教育一体化发展的推进路径，实质上是对如何管理城与乡的义务教育发展关系以及如何公平配置城乡义务教育资源的研究，这涉及政府的公共治理能力，因此，公共治理理论中的相关理论基础可以为构建城乡义务教育一体化发展的推进路径提供理论参考。联合国教科文组织在2015年指出，当前新的全球学习环境使得"利益攸关方更加多样化，许多民族国家确定公共政策的能力被减弱，出现了新形式的全球治理。私营部门出现了新的新式，正在改变着教育的性质，将其从一项公益事业转变为私人（消费）物品"[1]，如何保护教育作为公益事业的核心原则成为当前政府治理教育的重要问题。报告同样强调："教育的多种职能不仅是政府的责任，同时也是整个社会的责任。

---

[1]　联合国教科文组织. 反思教育: 向"全球共同利益"的理念转变[M]. 北京: 教育科学出版社, 2017: 86.

在教育部门实现良好治理，需要政府与民间社会建立多种多样的伙伴关系，国家教育政策应是在社会上进行广泛协商和取得全国共识的结果。"①我国在《国务院关于统筹推进县域内城乡义务教育一体化改革发展的若干意见》中提出推进县域内城乡义务教育一体化发展要"深化义务教育治理结构、教师管理和保障机制改革，构建与常住人口增长趋势和空间布局相适应的城乡义务教育学校布局建设机制，完善义务教育治理体系，提升义务教育治理能力现代化水平"②。就义务教育而言，校舍设施、教育经费、师资等资源要素的配置主体是政府，但当教师专业发展、课程资源、信息技术成为重要的资源配置要素时，主体就不是政府了，这就需要政府从善治的角度出发，加强与社会其他方面的协同治理能力，共同促进义务教育城乡一体化发展。

（三）充分发挥乡镇基层政府教育资源调控能力

乡镇是我国基层治理的重要职能部分，亦是我国大部分乡村义务教育学校的所在地，2002年我国农村试行税费改革后，以前的乡镇教委就被撤销，改为以中心校的方式治理乡镇学校。中心校和村小学、教学点都是由所在地县教育局直接管理。乡镇级不再承担乡村教育发展需要，但并不意味着在乡村义务教育学校发展过程中，就可以不再依靠乡镇政府的力量。鉴于当前我国乡村义务教育发展的特殊性和乡村教学点的复杂性，重新审视乡镇一级政府在乡村义务教育发展过程中的作用具有重要的现实意义。

乡镇是我国城乡一体化的中介区域。乡镇是联结城市和乡村的桥梁和纽带，一方面，它可以有效缓解大城市和县城的人口压力，作为城市发展人口蓄水池的保障，使乡村民众"进工厂而不进城"，缓解城市义务教育压力；另一方面，又有利于保障农民离土不离乡，减轻义务教育陪学压力；再次，有利于维护乡村儿童家庭结构的完整性，避免因为父母家长的外出务工带来家庭教育的缺失。发展乡镇，使乡镇成为解决城乡义务教育一体化中城镇挤乡村空问题

---

① 联合国教科文组织. 反思教育: 向"全球共同利益"的理念转变[M]. 北京: 教育科学出版社, 2017: 86.

② 国务院关于统筹推进县域内城乡义务教育一体化改革发展的若干意见[EB/OL]. (2016-07-11) [2020-08-11]. http://www.moe.gov.cn/jyb_xxgk/moe_1777/moe_1778/201607/t20160711_271476. html.

的重要抓手，具有现实的必要性与可行性。前文提到的寿县"县乡共管"的模式可以为这一发展路径提供借鉴。

三、以系统治理保障城乡义务教育要素流动与资源配置互动

城乡义务教育一体化发展是城乡社会系统的和谐发展，是教育系统的和谐发展，亦是人与教育与社会的和谐可持续发展，人的流动是影响该系统稳定性的关键因素。尤其是有些人的向城性教育流动是建立在薄弱的乡村义务教育资源上的无奈选择，意味着城乡义务教育发展并未形成良好的系统效应。城乡义务教育一体化是城乡义务教育共生共享的一体化，并不是城市或乡村某一方面的"一枝独秀"，而应是均衡发展基础上的"百花齐放"，期待每个儿童、每所学校都能获得满意的发展。当前我国城乡义务教育一体化改革发展已经进入了深化阶段，不再简单要求城乡义务教育资源或条件面上的补齐与平衡，面对公平而有质量的教育发展要求，应把握城乡义务教育一体化的薄弱环节，精准施策，着力提升城乡义务教育一体化水平。当前，乡村教育仍然是实现教育公平的薄弱点，导致了适龄儿童的城乡的不合理流动，影响了城乡义务教育资源的均衡配置。2019年政府工作报告提出："推进城乡义务教育一体化发展，加快改善乡村学校办学条件。"《中共中央 国务院关于深化教育教学改革全面提高义务教育质量的意见》以及《关于切实做好义务教育薄弱环节改善与能力提升工作的意见》均要求推进义务教育薄弱环节的改善与能力提升，大力加强乡村义务教育学校建设，平衡城乡生源分布，实现城乡义务教育资源利用的最佳效益。

（一）健全城乡义务教育一体化发展社会支持体系

目前城乡义务教育一体化的关键不在于城乡义务教育领域如何一体化的问题，而在于其外部条件如何促进适应城乡义务教育一体化发展的需要和保障城乡义务教育一体化。单纯地进行城乡义务教育一体化发展，已经非常困难，必须通过顶层设计，特别是联合社会基本公共服务城乡一体化发展，缩小城乡经济发展差距，实现城乡整体社会均衡一体化发展。

1.确保城乡基本公共服务一体化

人的发展是建立在基本生活需要能够得到满足的基础之上的，前文的社会结构化理论以及人口流动都揭示了社会生活资源对人的流动的影响。

城乡义务教育要素流动很大程度上受到城乡基本公共服务发展水平的影响。只有城乡基本公共服务水平相当，才能为城乡义务教育一体化发展营造良好的社会环境。乡村基本公共服务缺失不仅是造成乡村教师和乡村儿童外流的重要因素，也是乡村教育弱的一个重要原因，是当前推进城乡义务教育一体化重要的社会基础障碍。表面上看来，乡村和城市的差距是经济的问题，但更深层次的却是城乡基本公共服务的差距。笔者在乡村走访时深感有些乡村家庭由于父母的辛勤劳作和奋斗，家庭经济收入甚为可观，但由于乡村基本公共教育服务的不足，优质教育资源的短缺，孩子能享有的教育平台较为偏窄，影响了孩子的全面发展，有的甚至初中没毕业就被他们带出去打工了。义务教育的控辍保学在乡村，任务尤为艰巨。

纵观日本的城乡义务教育一体化发展政策，可以看出，日本在推进城乡义务教育要素合理流动与资源配置均衡上有一些特色的做法：第一，以城乡统一的公共政策保障人口流动权力。日本政府为防止出现城乡二元结构，制定了一系列的政策措施，保障城乡居民享有较为均等的公共服务条件；第二，依靠乡村活力提升平衡城乡人口分布，政府提供的教育、社会保障、科学技术、基础设施等公共服务极大地促进农村地区的发展，农村的发展反过来促进和推动城市的发展。这些都使日本成了世界上城乡义务教育一体化水平较高的国家。笔者在日本访学时也真切感受到，日本"乡村"基本公共服务覆盖的全面性和便捷性。尽管当前我国已经加强了基本公共服务城乡覆盖建设，但是城乡基本公共服务仍然存在差距，使得优秀的教师不愿意进入乡村，年轻的乡民不愿意生活在乡村，乡村的民众不愿孩子就读乡村学校，乡村儿童教育环境越来越恶劣，这一切都影响了城乡义务教育一体化的发展水平。

2.推动乡村振兴，缩小城乡发展差距

城乡义务教育一体化推进最大的障碍在于城乡发展的不均衡，因此推动乡村振兴为城乡义务教育一体化发展提供良好的社会支持是城乡义务教育一体化发展的重中之重。乡村振兴可以缩小城乡发展的差距，缩小城乡教育发展所依存的物质条件差距，同时可以振兴乡村教育，乡村振兴与城乡义务教育一体化发展是相辅相成的关系。

教育是关系国计民生的重要事业，中国广大的发展空间在乡村，乡村教育、乡村学校不可消失，乡村儿童大量存在，而且随着我国乡村振兴事业的进一步推进，越来越多的人会回归乡村或进入乡村，乡村为整个国家发展提供着强大的空间和资源优势，建设大美乡村，不仅是乡村的需要，也是国家发展的需要，一国之强盛不仅仅是城市的繁荣与昌盛，也是祖国大地处处生辉的强盛。因此，乡村是未来我国发展的重要场域，乡村不会消失，乡村教育亦不会消失，优质的乡村教育必将为建设美好乡村留住人才、吸引人才、培养人才，是提升国家文化资本和综合国力的重要保障。

乡村教育的文化资本性与社会国家文化资本的这种双重作用，使得各国都十分重视对乡村教育这一文化资本与地域文化资本的连携。日本非常重视乡村教育在乡村文化保存与振兴中的作用，积极推动偏僻地教育与偏僻地社会振兴相互融合和相互发展。为了联动偏僻地域发展，日本倡导里山教育，注重在学校教育中开展食育和劳动体验式教育。"里山"理念原意是强调对人所居住的自然环境的尊重和保护，开启了日本国内对于环境保护的关注，后来这个概念引申到教育领域中，"里山"教育就是强调"山里的教育"，英文为Education in mountain，倡导在教育中充分利用当地的自然和历史资源，比如农家、农田、山林、自然资源等，开展学习体验活动，来保护和发展儿童的天性，提升儿童的可持续发展力，同时借助人的参与，保护自然环境，实现人与自然的共赢。当前，在日本教育中"里山里海里地"体验学习以及"里山保育"理念相当普遍，很多小学校和幼儿园以"里山"作为办学理念，打造"里山"教育和"森林的幼儿园"。"里山"教育成为日本重要的教育特色，很多参观日本幼儿园和学校的人都十分赞叹依山而建的校所，依山而用的教育资源，依山而行的日常活动。食育和劳动体验教育与此也是相通的，很多学校还意识到里山资源在开展儿童劳动体验中的作用，充分利用学校周围的里山资源、农田资源建立学校的农场和山林，组织学生在学校农场帮助种植收割蔬菜和农作物，有些城市学校还经常组织学生到偏远的离岛、里山、农村去开展劳动体验，这些不仅增强了儿童的生存力，对于振兴偏僻地也有极大的帮助。食育除了帮助人们养成健康的体魄外，还注重教育学生对食物的珍惜，养成对当地饮食文化和农林渔业文化的保护和传承品质。

（二）加强系统规划，实现城乡义务教育可持续发展

1. 加强城乡义务教育发展统一规划

首先是确保乡村小学合理布局，保障乡村民众基本的教育权利。快速城镇化的发展以及人民对美好教育、美好生活的向往引发了乡村适龄儿童和乡村教师的向城性流动，但人口的向城流动并不意味着乡村的消失，更不代表着乡村教育的消失，乡村教育的存在需要乡村校园。因此合理布局乡村学校，是"乡村温馨校园"得以维系的保障，更是确保乡村民众教育机会公平的基本要求。

其次，是要规划好新城镇和市区学校发展。当前对于经济不发达的地区来说，乡村民众更多是向城流动，带来镇和县城教育人口的压力，因此要科学规划布局小城镇和主城区发展，而对于经济发达的诸如前文提到的北京等地的发展，要关注向城外郊区的人口流动引导，做好郊区和周边地区的义务教育发展规划和资源引导，确保教育与社会发展的良性循环，减少资源浪费。

2. 加强乡村学校建设，提升乡村义务教育质量

乡村学校是留住乡村儿童、缓解城市教育资源压力、促进乡村可持续发展的关键。建设好乡村学校，有利于乡村儿童回流，有利于城乡一体化的健康可持续发展。加强乡村学校建设有着重要的意义。"以推进学校和学生进城的方式，直接间接地吸走大量的乡村资金和人口，无论什么样的文字包装或营销策略，都难以掩盖其实质上的剥夺性和效用上的破坏性，必须承认乡村学校对于人口的锚定功能以及砍掉学校所造成的危害性；它已经阻碍了此前的'新农村建设'，也正在并将继续阻碍着更加艰难的'乡村振兴'。"[1]因此，要按照《关于切实做好义务教育薄弱环节改善与能力提升工作的意见》要求对乡村小规模学校进行合理规划和建设，不应"一刀切"，通过乡村温馨校园建设，筑牢乡村文化之基。加强乡村学校建设有利于破除"离农"和"为农"的价

---

[1] 张玉林. 中国乡村教育40年：改革的逻辑和未预期效应[J]. 学海, 2019（1）：65-76.

值取向。长期以来，城乡二元的教育发展模式造成乡村教育出现了"离农"和"为农"两种教育价值取向，成为义务教育学校"城镇挤、乡村弱"的文化诱因之一。"离农"的价值取向倾向于将乡村学校作为进城的跳板；"为农"的价值取向过于强调乡村学校的乡村场域特点，忽视了乡村儿童发展的多元需要。"乡村温馨校园"只是场域在乡村的学校，并不单单是为了城市或者乡村，最终指向的是人的全面发展和社会的全面进步，不应有城乡之分。因此，在城乡义务教育一体化要素流动与资源配置互动理念的引导下，要大力加强乡村学校建设，增强乡村学校的吸引力，平衡城乡义务教育资源。

一要加强乡村义务教育学校标准化建设。学校标准化建设是实现义务教育均衡发展的前提和基础，是提高教育质量的重要保障，也是促进城乡义务教育一体化的基本表现。二要认真落实国务院办公厅《关于全面加强乡村小规模学校和乡镇寄宿制学校建设的指导意见》精神，"加大乡村学校建设经费投入，确保乡村学校建设标准、装备标准和办学条件等基本办学标准，基本的生活卫生条件美观，在保障基本教育教学条件基础上，进一步明确乡镇寄宿学校床铺、食堂、饮用水、厕所、浴室等基本生活条件标准和开展共青团、少先队活动及文体活动所必需的场地与设施条件"[1]，要按照教育部、国家发展改革委、财政部《关于切实做好义务教育薄弱环节改善与能力提升工作的意见》的要求，补齐义务教育基本办学条件短板，改善教书育人环境，满足教育教学和生活基本需要。[2]三要打造"乡村温馨校园"，提升乡村教育吸引力。中共中央、国务院《关于深化教育教学改革全面提高义务教育质量的意见》将打造"乡村温馨校园"作为实施义务教育质量提升的重要工程。这与党中央之于乡村振兴的精神也是一脉相承的。党的十九大报告指出："要坚持农业农村优先发展，按照产业兴旺、生态宜居、乡风文明、治理有效、生活富裕的总要求，

---

① 国务院办公厅关于全面加强乡村小规模学校和乡镇寄宿制学校建设的指导意见[EB/OL].(2018-05-02)[2020-01-01].http://www.gov.cn/zhengce/content/2018-05/02/content_5287465.htm.

② 教育部 国家发展改革委 财政部关于切实做好义务教育薄弱环节改善与能力提升工作的意见[EB/OL].(2019-07-18)[2020-01-01].http://www.gov.cn/xinwen/2019-07/18/content_5410847.htm.

建立健全城乡融合发展体制机制和政策体系，加快推进农业农村现代化。"①标志着城乡发展由以城带乡、补偿乡村进入了乡村振兴发展阶段，强调依靠乡村的内生动力推动城乡一体化发展。城乡发展战略格局的调整，也要求城乡义务教育一体化由强调城市优势资源对于乡村的补偿和援助进入依靠乡村教育振兴，增强乡村教育吸引力为抓手的发展时期。"乡村温馨校园"建设是最具根本性、可持续性的乡村教育振兴举措之一，有助于形成良好的乡村精气神，增强乡村教师职业吸引力，确保乡村教师安居乐业的精神家园，有助于提升人民教育获得感。

加强乡村学校建设需要扎根乡村，注重乡村学校与乡村社会的共生共存。当前我国乡村教育发展的一个困境在于乡村学校教育游离于乡村建设之外，乡村学校的教师来源于非本地乡村，并较少参与当地乡村的社会生活，乡贤的价值发挥受到影响；乡村学校的活动较少与乡村社区互动；尤其当前乡村的教学点教育除了保障基本的文化教学以外，由于缺少与乡村当地生活和民众的互动，较少开展丰富的文体活动和校园文化活动，乡村校园缺乏生机，更少温馨之感。因此，应加强乡村校园生活与当地乡村社会、乡村民众生活的融入和互动，如开展与村民互动的体育活动，利用乡村的农田、山林开展劳动实践活动，邀请乡村长者开展传统文化教育；发挥乡村教师资源优势开设家长学校、社区学校等等，活跃乡村校园生活。日本非常重视学校与所在社区的地域连携，积极倡导"里山""里地"式的地域连携办学模式，其《教育基本法》中强调要加强学校、家庭和当地居民之间的相互合作，"构建与家庭以及地区连携的学校发展"对策②，提升小规模学校的活力；美国1995年实施了旨在推动乡村学校与本地社区、本地环境互惠共建的"安娜堡农村挑战项目"，提升了学校质量，增强了乡村人口的回流③；我国最北的漠河市北极镇中心学校在

① 习近平. 决胜全面建成小康社会 夺取新时代中国特色社会主义伟大胜利［M］. 北京：人民出版社，2017：33.

② 日本文部省. 教育基本法（第十三条）［EB/OL］.（2011-08-21）［2020-02-04］.http：//www. mext. go. jp/b_menu/houan/an/06042712/003. htm.

③ 田俊，王继新，王萱. "互联网+在地化"：乡村学校教学质量提升的实践研究［J］. 中国电化教育，2019（10）：38-46.

地域连携上也走出了自己的特色，该校积极利用大兴安岭的森林、冰雪、文学等地域资源，建设"乡村少年宫"，改革学校课堂教学，打造了墨香校园、书香校园、版画校园，实现了多姿多彩的教育，使得近些年来本地学生一个也没外流。[①]

（三）抓关键要素，推进义务教育发展生态均衡

1. 加强教师队伍建设，引导师生合理流动

教师是教育第一资源，其本身不仅是流动的要素，也是资源配置的资源，影响着要素流动与资源配置，当前要通过加强教师队伍建设来引导教育内师生合理流动。

一要加强"四有"好教师培养工作，增强教师职业道德修养，教师在职前筑牢职业道德修养，无论就职在城市还是乡村，都应坚持立德树人，安心教育。二要加强党对中小学的领导，贯彻党中央《关于加强中小学校党的建设工作的意见》精神，力求加强党对中小学教师的职业引导，帮助教师增强乡土文化自信意识，愿意进入乡村，扎根乡村，培养乡村儿童。三是要统一省域义务教育阶段教师待遇，并建立乡村教师额外补助津贴制度。前两者更多侧重精神引领，但让教师乐于教书育人、安心立德树人也需要一定的物质保障。当前"以县为主"的教师工资管理体制，造成了省域内城乡教师同工不同酬、同工不同境的尴尬，使得优秀乡村教师流失、优秀人才不愿进入乡村任教现象严重，造成了城乡义务教育优质师资不均衡，影响了城乡义务教育一体化高质量发展。所以要建立以省域为主、省级统筹的教师工资管理体制，确保省域内城乡教师不因从教的地域、任教的学校、生活的地区不同而在工资待遇、职称发展、医疗保障和生活环境上有所差异。在统一省域内教师福利待遇的同时，考虑乡村工作条件的艰苦性，建立乡村教师工作额外补助制度，鼓励更多的优秀教师进入乡村任教。日本城乡义务教育均衡发展的一个很重要的保障，在于实行全国教师统一工资标准，乡村教师另有工作补助，是一个很好的借鉴。四是完善教师编制"县管校聘"政策扩散和政策落地机制，为高质量乡村义务教育建设保驾护航。2020年2月，中共中央国务院发布的《关于抓好"三农"领域

---

① "万里边疆教育行"特别报道组.漠河:神州北极的教育色彩[N].中国教育报,2019-09-02(1).

重点工作确保如期实现全面小康的意见》指出，为提高乡村义务教育质量，要"全面推行义务教育阶段教师'县管校聘'，有计划安排县城学校教师到乡村支教"，全面开启了教师编制的"县管校聘"模式，尽管这对于促进城乡教师资源共享，推进城乡义务教育一体化高质量发展有积极意义，但是"县管校聘"政策扩散和落地机制尚不健全，对于"县管校聘"中教师的流动机制、县级政府和学校的职权划分以及教师编制管理的人、财、事权仍需要政策层面进一步明晰。

2. 构建城乡一体化的家庭教育指导服务体系

家庭是学校发展的重要力量，学校亦是家庭的关键盟友。"如果学校在教与学工作上要做到有效而有意义，就需要家长的指点和支持；如果家长在教育孩子方面要做到有效而有意义，同样需要学校的忠告与支持。通过家长建设性地参与，学校能使学生更为建设性地参与进来；通过学校建设性地参与，家长也能使学生更为建设性地参与进来。"[①]城乡义务教育不仅包括城乡义务教育学校教育，也包括城乡义务教育家庭教育和社会教育。2018年，习近平在全国教育大会的讲话中指出，"办好教育事业，家庭、学校、政府和社会都有责任"，高质量义务教育体系建设必须把高质量家庭教育指导服务体系建设放在突出位置，营造有利于家庭稳定和家庭功能发挥的社会支持系统和政策体系，形成个人、家庭与社会、国家间良性互动关系，构建符合新发展阶段要求的家庭教育指导服务体系。党的十九届四中全会审议通过的《中共中央关于坚持和完善中国特色社会主义制度、推进国家治理体系和治理能力现代化若干重大问题的决定》明确指出，"构建覆盖城乡的家庭教育指导服务体系"。应充分把握家庭教育作为基本公共服务体系的重要意义和价值，加强家庭教育指导。构建家庭教育指导服务体系可以从以下四个方面入手：一是政府要积极承担主要责任，由政府组织建设家庭教育指导机构，切实将家庭教育指导服务纳入基本公共服务范畴，为家长提供公益性家庭教育指导服务；二是依托义务教育学校开办"家长学校""家长论坛"，定期开设家长课堂，宣传先进的家庭教育理

---

① 托马斯·J.萨乔万尼.道德领导：抵及学校改善的核心[M].冯大鸣，译.上海：上海教育出版社，2002：129.

念，加强家校联系；三是鼓励教育咨询机构、家庭教育服务企业等社会组织购买家庭教育指导社会服务；四是探索家、校和社区共建，通过资源共享和优势互补，实现协同体系，构建一体化的家庭教育指导服务体系，共同关注家庭教育，努力推进适应城乡发展、满足家长和儿童需求的家庭教育指导服务体系的建成。

3. 深入推进教育评价改革，营造师生良好发展生态

教育评价是监督教育法律法规和方针政策贯彻落实的重要保障。城乡义务教育一体化不仅是义务教育资源的城乡一体化，儿童受教育机会的城乡一体化，更是儿童接受城乡一体化的教育质量，这就需要城乡义务教育一体化从外延的标准化建设一体化转向城乡义务教育内涵质量提升的一体化。它最切实的是借助教育教学改革，进而落实到满足每个学生的教育需求，从关注以资源平衡为重点的外延式资源补偿转向以质量提升为核心的内涵式发展。教育教学是实现教育过程和教育结果公平的重要手段，更是教育获得公平的有力保障。中共中央、国务院《关于深化教育教学改革全面提高义务教育质量的意见》提出实施义务教育质量提升工程，义务教育改革要重点围绕"五育并举"、全面发展素质教育这一教育理念。当前很多家长对城市教育资源的过分追求，源于希望能通过城市的优质教育改变孩子命运，实现向上的社会流动，这主要是由于社会对学生成功的评价较为单一，学生全面发展、全面成才的理念尚未落实在社会层面。从一定意义上来说，城乡义务教育一体化最大的非一体化在于城乡儿童发展进路的非一体化，在当前，主要表现在初中毕业后的高中升学情况，特别是高中升学质量上。城乡义务教育儿童的后续发展道路是不同的，从某种意义上来说，这是城乡义务教育中最大的差异，也是影响城乡义务教育一体化水平的关键。而造成这些现状的原因是长期以来"城优乡弱"的社会文化，"精英主义""学历社会"的教育取才观，"城先乡后"的制度文化。学生发展进路选择关系教育教学质量，在过分追求"升学"进路取向下，教育教学质量较为关注学生成绩提升和学生升学率，影响了学生全面发展，不利于构建多元包容的人才尊重社会环境。因此需要改革高中招生考试制度，大力发展职业技术教育，并增强社会对职业教育的重视和职业工作者的尊重，为人的发展提

供多元平台，而不是只有升学一条道路。这样可以避免民众由于追求城市所谓的优质资源带来盲目流动，国家要通过科学的成才理念营造无论在哪里都可以得到健康发展、全面成才的机会的信心，真正能实现无论城乡，"广阔天地均有好学可上""广阔天地都有全面发展的机会""广阔天地都值得为之奋斗"，社会人口流动也将变得更加有序和谐。

四、以互联网支持城乡义务教育要素流动与资源配置互动

一体化的关键在于信息的共享，资源的融合，师生流动信息、区域教育资源信息现状与需求的实时掌握与动态管理是实现城乡义务教育一体化的重要基础。互联网拥有强大而实时更新的信息网和数据资源，推进城乡义务教育一体化需要重视互联网，依靠互联网，用好互联网，把握城乡义务教育一体化要素流动的大数据，基于大数据基础，及时掌握要素流动和资源配置的情况，适时作出调整，提高城乡义务教育一体化共建共享水平。

（一）树立"互联网+教育"智慧治理理念

教育之于技术不仅有传承的功能，更有创新的义务，而这一切都需要教育积极利用技术为其发展服务。互联网技术广泛而深入地存在于我们的生活中，影响着我们的生活方式和社会互动方式。习近平总书记指出，互联网发展必须贯彻以人民为中心的发展思想，让互联网更好造福国家和人民，提出了"构建网络空间命运共同体"的重要理念。当前互联网技术不仅具有"压缩时空"的能力，也促进了教育资源的跨地域交流力。教育若想获得可持续发展，也应顺应互联网时代的需求，充分依托并积极应用互联网技术，全面推进教育智慧治理，统筹推进城乡义务教育一体化发展。这首先要建立"互联网+教育"智慧治理理念。

城乡义务教育一体化不仅是教育公平的需要，也是教育治理能力现代化的重要内容。目前各方面尤其是教育部门，主要是从促进教育公平以及支持乡村教育发展的角度，强调城乡义务教育一体化。但是仅仅从教育公平的角度来促进教育资源公平分配、实现城乡义务教育资源统筹一体化发展是不够的，还

必须改革社会管理体制来推动城乡义务教育一体化。城乡义务教育一体化受到国家经济发展政策、乡村振兴政策、人口管理政策、教育发展规划政策、城镇化发展政策等一系列相关政策的影响，需要借助互联网，增强国家智慧治理能力，从国家可持续发展高度来把握各种要素的影响力，从而提升城乡一体化共建共享的能力，推动城乡义务教育一体化治理能力和治理体系现代化。利用互联网，构架基于公安局、民政局、房管局等的人口动态管理大数据平台，及时掌握一定区域内的人口流动情况，便于做好入学人口信息掌握，提高义务教育资源配置效率。

（二）加强城乡互联网基础设施建设

构建覆盖城乡的互联网网络是利用互联网推进城乡义务教育一体化优质资源共享的重要保障。长期以来，乡村被认为是消息闭塞、网络不通的地方，造成了乡村发展的滞后。尤其是在当前互联网+教育日益深入的情况下，互联网基础设施配套的不足会影响资源的获得。2020年初，一场疫情深刻地影响了人们的生活方式，也深刻地影响了国家的教育教学，网络在线学习成为解决无法去学校学习问题的主要方式。本书不对此学习方式开展情况作评价，仅列举一些现象进行反思，这其中包括河南一贫困家庭学生因没有在线学习媒介而耽误学习，影响生活[1]，教师爬山顶上课，学生上山上课等。这些现象虽然只是网络在线学习带来的临时挑战，但也反映了当前在互联网基础设施建设中，并未实现山区、乡村宽带的全覆盖，从这个层面来说，城乡义务教育资源配套上还未达到一体化。因此，国家应继续大力实施网络进村工程，构建智慧社会，推进城乡义务教育智慧教育的一体化，充分利用互联网技术实现优质教育教学资源全国共享。

（三）构建"互联网+教育"大数据平台

实现城乡义务教育一体化要素流动与资源配置的互动需要掌握一定区域内教育构成要素和教育资源的大数据。比如要摸清一定区域内的人口数量、人口流动情况以及教师数量，以及一定时间内的教育发展规划和城市发展规划问

---

[1]　蒋璟璟. 捍卫"网课"机会公平，不让一个孩子掉队［N/OL］. 华西都市报，2020-03-04［2020-04-04］. https://e.thecover.cn/shtml/hxdsb/20200304/126145.shtml.

题，这就需要利用互联网+构建大数据平台，加强对相关信息的搜集和跟踪，以确保资源配置的以人为本，随要素的流动而合理配置。

第一，建设全国人口管理与学校布局规划信息联动平台。

人口是教育的主要因素，人口流动影响教育实施和学校布局，面对当前城乡义务教育一体化发展中显现出来的"城镇挤，乡村空、弱"挑战，需要实时了解我国学龄人口的流动状况以及当前的学校布局情况，以便为科学调整学校布局，满足所有学龄儿童的学习需要提供及时的服务，依托互联网建设全国人口流动与学校布局规划信息联动平台可以为应对这一挑战提供助力。第一，建立此联动平台，可以及时了解人口流动情况，合理进行城市规划和学校布局，均衡安排学生就学，建立良好的教育与城市发展生态；第二，建立此联动平台一方面可以打破城乡空间下教育管理机制的限制，另一方面可以打破教育管理与人口管理、城市规划之间的领域限制，实现教育与人口管理、城市规划社会建设的一体化管理，真正从更广更深的领域推进城乡义务教育一体化。而要建设全国人口管理与学校布局规划信息联动平台，需要增强各个国家各个行政部门之间的相互协调与配合，推进政务合作网络一体化，城乡义务教育一体化涉及人口管理、公共服务管理、城市规划管理、教育行政管理、国家经济管理等各个领域，需要各部门在坚持教育共同利益理念的基础下，共通信息有无，共谋教育发展。在这其中也需要加强互联网信息安全建设，当所有的信息在网络上共享之时，涉及的信息安全也需要考虑。因此，国家也需要加强网络信息安全建设，并加强民众网络道德教育。从这一点也可以看出，若要在一国实现城乡义务教育一体化，需要全国全民管理上思想上行动上的一体化，这种一体化不单单是一种技术，更是一种理念。

第二，健全并善用全国师生信息管理平台。

教师资源共享是城乡义务教育一体化要素合理流动的关键，但是由于长期以来城乡二元结构，城乡资源各自为政，城乡教师资源信息不畅，影响了城乡中小学教师编制的资源共享。尤其当前随着城镇化的发展，我国很多农村出现了"空心校"，有资料显示，山西五寨县前所乡中心小学有29名教师，只有1名一年级学生。学校办起了幼儿园，但也只有27名学生。有一所小学，有25

名教师，仅有3名学生。有一所一贯制学校，有39名教师，仅33名学生。还有一所一贯制学校，有17名教师，仅有14名学生[①]，造成了新的教育资源浪费。利用互联网大数据平台建立全国师生信息库，及时了解与动态调控师生信息，有助于以学生需要协调教师资源，推进城乡义务教育师生资源的一体化管理。

实际上，早在2013年，教育部就出台《中小学生学籍管理办法》，提出要建立"统一规范的学籍信息管理制度"，用以了解全国学生信息大数据，确保实时跟踪学生情况。教师信息平台建设方面也于2016年底正式推行了全国教师管理信息系统，这是一个覆盖全国各级各类教职工的基础数据库和管理信息系统，每位教职工"一人一号"，相当于教职工的电子档案，关涉教职工的切身利益，包括职称评审材料审核、岗位聘用情况查询、培训名额分配、职称晋升、人事调动、离退休等。该系统涉及信息广泛，具体有教师基本信息表、学习经历、工作经历信息表、岗位聘任信息表、专业技术职务信息表、基本待遇信息表（方便了解教师的经济收入，更好地做好乡村教师补助计划）、年度考核信息表（方便了解教师的考核情况，不仅提升教师工作的积极性，也有利于均衡优质师资）、教师资格信息表、师德信息表、教育教学信息表、教学科研成果信息表、教学科研获奖及专家信息表、国内培训信息表（了解教师的培训情况）、海外研修信息表、技能及证书信息表、交流轮岗信息表、联系方式信息表等17项基本信息表需要填写，能够全面地反映某一时期某一区域某一阶段所有教师的基本情况，对于整体了解全国的教师信息，实现区域内教师的动态精准管理有很大的促进作用。

但笔者在教育实践工作中了解到，这两方面的信息利用并没有很好地结合起来，而且教师信息管理层面与编制管理部门的教师信息统计数据系统也没有完全融合起来，大量的临时聘用、区聘或校聘教师信息没有完全纳入，学生变动信息与教师变动信息未能做到及时匹配和更新，影响了教育教学的正常运行。以互联网大数据集中为途径，建设全国义务教育一体化的国家师生大数据中心，及时掌握学生发展需求，教师发展需求，有助于推进城乡义务教育一体化。

---

① 吕梦琦，晏国政. "空心化"挑战农村教育布局[J]. 瞭望，2016（15）：58—59.

第三，加强网络优质共享课程资源建设，推进优秀课程资源共享。

城乡义务教育一体化发展是一种跨越时空的城乡义务教育一体化，互联网为跨越时空的资源共享提供了可能与便捷。当前，随着互联网和大数据的发展，各种网络教学资源也日益丰富，MOOC中国、可汗学院等推出的基础教育网络课程层出不穷。网络平台课程资源一方面可以拓宽城乡儿童获得教育资源的途径，另一方面也可以解决乡村优质教育师资缺乏问题，利用网络课程平台，全国教师使用范围不受地域和学校的限制，他们可以利用当前的"班班通""智慧教室""智慧学校"设备将自己的课程最大限度地传递给有需要的学生和学校，缓解城乡教师编制不足和流动受限的现象。各个学校也可以根据学生的需要和自身发展的实际来选择某个教师的网络课程，以此来解决教师空缺问题。加强全国网络优质课程资源开发，整合建设国家中小学生网络学习平台。但在网络课程资源建设中，既要积极运用"互联网"带来的技术和资源便利，也要妥善处理互联网带来的挑战，在建设优质课程资源的同时，加强网络优质课程资源建设与管理，并加强师生使用网络课程资源的"网商"教育，切实发挥网络课程资源的教学辅助功能，提升网络课程资源的教育性效果。

五、小　结

城乡发展一体化的实质就是促进城乡两地的资源要素平等交换与公共资源的均衡配置，从市场经济角度看，"城乡、工农关系的本质是商品生产和商品交换关系，等价交换是城乡、工农进行经济联系的唯一的合理、公平的形式"[①]。深受城乡发展一体化影响的城乡义务教育一体化，其核心本质也在于城乡义务教育要素的平等自由流动与资源的均衡配置。现实实践中，很多地方通过集团化办学、学区制办学、联盟式办学加强了学校、区域之间的联系，但这还并不是真正的城乡义务教育一体化。实际上，城乡义务教育一体化不仅仅是教师资源的一体化，要用一体化的理念来疏通城乡义务教育发展的二元分治

---

① 许彩玲,李建建.习近平城乡发展一体化思想的多维透视[J].福建论坛（人文社会科学版）,2015（3）:17—23.

二元分管障碍。首先要确立城乡义务教育统一规划理念，将城市和乡村作为一个整体统筹谋划，真正在规划中给予乡村义务教育与城市义务教育发展一样的地位，促进城乡义务教育在学校布局、要素配置、基础保障、教育生态环境建设等方面相互融合和共同发展。其次是健全城乡义务教育要素统筹的体制机制，确保城乡义务教育主体能公平获得发展所需要的义务教育资源。最后是健全统筹城乡基础设施建设的体制机制，城乡基础设施建设一体化对于乡村义务教育发展具有重要意义，关涉乡村儿童、乡村教师、乡村学校发展，应健全城乡基本公共服务均等化体制机制，加大乡村基础设施建设力度，构建城乡统一的基本公共服务体系，逐步提高乡村基本公共服务的保准和保障水平，形成城乡基本公共服务一体化，建设良好的城乡义务教育一体化社会基础。

真正的城乡义务教育一体化是在保证所有儿童义务教育基本权益的基础上，儿童的各种流动需要都能被尊重，各种发展都能被认可被尊重。

结　语

　　城乡义务教育一体化是在快速城镇化、现代化下，我国对城乡义务教育资源配置方式的一种调整，这种调整旨在破解我国乡村义务教育发展不充分和均衡难题，实现城乡义务教育要素的自由流动和资源的均衡配置的辩证统一，缩小城乡义务教育发展差距，共同促进城乡义务教育质量提升。党的十九届五中全会通过的《中共中央关于制定国民经济和社会发展第十四个五年规划和二〇三五年远景目标的建议》提出"建设高质量教育体系"的政策目标，要求"推动义务教育均衡发展和城乡一体化"。城乡义务教育一体化是建设高质量教育体系的基础工程。高质量教育体系要求城乡义务教育一体化高质量发展。城乡义务教育一体化高质量发展的本质就是全面提高城乡义务教育教学质量，全面贯彻党的教育方针，落实立德树人根本任务，坚持有教无类，全面实施素质教育，促进学生的全面发展，让每一位学生都能获得出彩的能力和机会，确保教育人民满意。

　　当前城乡社会发展不平衡不充分的矛盾仍然存在，城乡义务教育自身还存在着诸多质量瓶颈，诸如城乡义务教育发展质量不均衡引发的乡村民众向城性教育流动带来的城镇生源压力大、乡村义务教育学校萧条现象；诸如城乡义务教育价值取向不一致带来的儿童发展进路有别现象；诸如城乡教师素质差异带来的教育理念差异问题严重影响了城乡义务教育的质量提升，尤其是乡村义务教育质量提升任重而道远。一是乡村义务教育有教无类的基础尚未巩固，截至2019年底，我国义务教育控辍保学率尚未达到100%，确保普及义务教育是义务教育质量提升的基础；二是城乡儿童就学进路选择不一，义务教育阶段后城乡儿童发展选择存在较大差异，乡村儿童进入高中学习机会相对城市较少。①这些都给城乡义务教育一体化高质量发展带来了极大挑战。在新发展阶段真正构建基于要素流动与资源配置的城乡义务教育一体化不仅需要国家政策上的优化与调整，更需要重新考量城乡义务教育一体化政策的价值取向问题。

综前研究，一体化是城乡义务教育高质量发展的基本要求，一体化的关键在于能够基于要素流动合理进行资源配置，但要素流动并非完全自由的流动，资源配置亦不是要素流动到哪儿就配置到哪儿，要素流动与资源配置互动强调的是将教育放到社会大系统，将人的发展与社会发展联系在一起，从系统的角度来追求人与资源、人与社会的和谐可持续发展问题。其是一个涉及政治、经济、文化、观念、技术等多方面的系统工程，建立基于要素流动与资源配置互动基础上的城乡义务教育一体化发展路径，不是教育或经济某一领域的事情，而是关系到社会、教育、人整体生态系统的发展。本书认为作为新发展阶段建设高质量教育体系的重要基础和组成部分，城乡义务教育一体化发展需要植入生态正义的政策伦理，将城乡义务教育纳入城乡社会发展大系统，破除城乡义务教育体制机制障碍，才能真正推进城乡义务教育一体化，实现要素流动与资源配置的良性互动，满足人民的美好教育需要，实现人的全面发展与社会的全面进步。

笔者认为，教育生态正义用来指导新发展阶段城乡义务教育一体化发展中构建基于要素流动基础上的资源配置机制具有一定的适切性。

首先，从城乡关系角度来说，城乡是人类生活期间的一个生态系统，在这个系统内发生的所有活动包括教育都应该是平衡、和谐的，才能体现社会正义。城乡义务教育一体化的上位概念城乡一体化实质上就是要改变我国长期以来的城乡二元分割的非正常城乡生态系统。城乡义务教育一体化就是要将城市义务教育与乡村义务教育视为一个生态系统，城市和乡村的义务教育是城乡生态系统的重要组成部分，一方面从场域、从空间上来说城乡义务教育是不能分家的，城乡义务教育要实现一体化，促进城乡社会生态系统的和谐发展，另一方面，从教育与城乡社会角度来说，城乡义务教育发展与城乡社会的经济、政

---

① 余秀兰.关注质量与结果：我国教育公平的新追求[J].南京师范大学学报(社会科学版)，2019(1)：29-38.

治、文化等环境是密不可分的，教育的基本规律启示我们，教育与社会发展是相互影响、相互促进的，城乡义务教育发展不能离开城乡社会这个大生态系统发展的影响，城乡义务教育发展是一个生态共同体，城乡义务教育与城乡社会发展亦是一个生态共同体。

其次，从教育与人的发展角度来说，生态正义强调对人的生命的可持续发展的尊重和关注。城乡义务教育一体化不仅涉及义务教育发展的城乡关系问题，也涉及教育与城乡人的发展关系问题，其实质上是为了改变城乡义务教育发展的非良性生态，促进城乡义务教育生态的良性发展，城乡义务教育一体化走向生态正义有着实践的必然，是对当前我国城乡义务教育一体化基于弱流动视角下的分配正义理性反思的结果。

此外，从一体化的角度来说，一体化本身追求的是系统、和谐发展。城乡义务教育一体化是教育公平发展和城乡一体化发展在教育领域中的体现，重点是破除城乡义务教育二元结构，促进城乡义务教育要素自由流动和资源配置均衡，以此缩小城乡义务教育发展差距，实现城乡义务教育资源优质共享，发展公平而有质量的义务教育，本质是为了实现人的全面发展和社会全面进步。这一内涵揭示了城乡义务教育一体化与人的全面发展是一个整体的生态系统，人与教育、人与社会的发展是不可分割的生态系统，强调了义务教育发展与国家发展是一体化的生态系统，两者发展是相得益彰、相辅相成的关系，指明了城乡义务教育一体化的重心已经由资源统筹分配转向了资源统筹分配与资源共建共享并重的时期，甚至更应侧重对资源的建设的可持续发展的生态正义。

基于要素流动与资源配置互动的城乡义务教育一体化发展范式是对教育本质的回应，无论城市教育还是乡村教育终归都是教育，教育的目的在于育人，在于促进儿童的健康发展，基于要素流动的资源配置的互动就是要实现儿童均能充分享有义务教育资源，从而实现人的全面发展和社会的全面进步。

参考文献

一、中文文献

(一)普遍图书

[1]陈桂生. 教育原理[M]. 上海: 华东师范大学出版社, 1993.

[2]陈洪捷. 观念、知识和高等教育[M]. 合肥: 安徽教育出版社, 2012.

[3]陈锡文. 中国农村公共财政制度[M]. 北京: 中国发展出版社, 2005.

[4]辞海编辑委员会. 辞海: 中[M]. 上海: 上海辞书出版社, 1979.

[5]费孝通. 乡土中国 生育制度 乡土重建[M]. 北京: 商务印书馆. 2011.

[6]高书国. 中国城乡教育转型模式[M]. 北京: 北京师范大学出版社, 2006.

[7]顾明远. 美国教育[M]. 长春: 吉林教育出版社, 2000.

[8]郭书田. 失衡的中国[M]. 石家庄: 河北人民出版社, 1990.

[9]郭志明. 美国教师专业规范历史研究[M]. 北京: 中国社会科学出版社, 2004.

[10]华中师范学院教育科学研究所. 陶行知全集: 第一卷[M]. 长沙: 湖南教育出版社, 1985.

[11]黄仁宇. 万历十五年[M]. 北京: 中华书局, 2006.

[12]黄小勇. 中国行政体制改革研究[M]. 北京: 中共中央党校出版社, 2013.

[13]江渝. 政策分析方法: 视角·路径·工具[M]. 成都: 四川大学出版社, 2011.

[14]联合国教科文组织. 反思教育: 向全球共同利益的理念转变?[M]. 北京: 教育科学出版社, 2017.

[15]联合国教科文组织. 教育——财富蕴藏其中[M]. 北京: 教育科学出版社, 1996.

[16]联合国教科文组织. 学会生存——教育世界的今天和明天[M]. 北京: 教育科学出版社, 1996.

[17]马骥雄. 战后美国教育研究[M]. 南昌: 江西教育出版社, 1991.

[18]潘屹. 走进福利 "天堂" ——一个中国女记者在芬兰[M]. 北京: 中国社会出版社, 1998.

[19]秦志华, 李可心, 陈先奎. 中国农村工作大辞典[M]. 北京: 警官教育出版社, 1993.

[20]阮成武. 教师职业的理性与诗意[M]. 芜湖: 安徽师范大学出版社, 2015.

[21]孙立平. 断裂: 20世纪90年代的中国社会[M]. 北京: 社会科学文献出版社, 2003.

[22]孙绵涛. 教育政策——具有中国特色的社会主义教育政策研究[M]. 武汉: 华中师范大学出版社, 2002.

[23]汤林春. 新型城镇化背景下基础教育资源配置研究[M]. 上海: 同济大学出版社, 2018.

[24]田宝军. 县域内义务教育城乡一体化发展研究——基于河北省的调查[M]. 北京: 人民出版社, 2017.

[25]王康. 社会学词典[M]. 济南: 山东人民出版社, 1988.

[26]王伟光, 魏后凯, 张军. 新型城镇化与城乡发展一体化[M]. 北京: 中国工人出版社, 2014.

[27]吴式颖. 外国教育史教程[M]. 北京: 人民教育出版社, 1999.

[28]吴振磊. 西部地区城乡经济社会一体化支持体系研究[M]. 北京: 中国经济出版社, 2011.

[29]习近平. 决胜全面建成小康社会 夺取新时代中国特色社会主义伟大胜利[M]. 北京: 人民出版社, 2017.

[30]谢维和. 教育活动的社会学分析: 一种教育社会学的研究[M]. 北京: 教育科学出版社, 2007.

[31]徐辉, 郑继伟. 英国教育史[M]. 长春: 吉林人民出版社, 1993.

[32]杨岚, 张维真. 中国当代人文精神的构建[M]. 北京: 人民教育出版社, 2002.

[33] 于月萍. 区域推进城乡教育一体化发展的理论及战略研究 [M]. 沈阳: 辽宁人民出版社, 2012.

[34] 袁锐锷. 外国教育管理史教程 [M]. 广州: 广东高等教育出版社, 1998.

[35] 张人杰. 国外教育社会学基本文选 [M]. 上海: 华东师范大学出版社, 1989.

[36] 张跃庆, 张念宏. 经济大辞海 [M]. 北京: 海洋出版社, 1992.

[37] 折晓叶, 艾云. 城乡关系演变的制度逻辑和实践过程 [M]. 北京: 中国社会科学出版社, 2014.

[38] 中共中央马克思恩格斯列宁斯大林著作编译局. 马克思恩格斯选集: 第一卷 [M]. 北京: 人民出版社, 2012.

[39] 中共中央马克思恩格斯列宁斯大林著作编译局. 马克思恩格斯选集: 第二卷 [M]. 北京: 人民出版社, 2012.

[40] 中共中央马克思恩格斯列宁斯大林著作编译局. 马克思恩格斯选集: 第三卷 [M]. 北京: 人民出版社, 2012.

[41] 中共中央马克思恩格斯列宁斯大林著作编译局. 马克思恩格斯选集: 第四卷 [M]. 北京: 人民出版社, 2012.

[42] 中共中央马克思恩格斯列宁斯大林著作编译局. 马克思恩格斯文集: 第一卷 [M]. 北京: 人民出版社, 2009.

[43] 中共中央马克思恩格斯列宁斯大林著作编译局. 马克思恩格斯文集: 第九卷 [M]. 北京: 人民出版社, 2009.

[44] 中共中央文献研究室. 十五大以来重要文献选编: 中 [M]. 北京: 人民出版社, 2001.

[45] 中华人民共和国国家统计局. 中国统计年鉴2017 [M]. 北京: 中国统计出版社, 2017.

[46] 中华人民共和国国家统计局. 中国统计年鉴2016 [M]. 北京: 中国统计出版社, 2016.

[47] 中华人民共和国国家统计局. 中国统计年鉴2015 [M]. 北京: 中国统计出版社, 2015.

[48] 中华人民共和国国家统计局. 中国统计年鉴2014 [M]. 北京: 中国统计出版

社, 2014.

[49] 中华人民共和国国家统计局. 中国统计年鉴2013 [M]. 北京: 中国统计出版社, 2013.

[50] 中华人民共和国国家统计局. 中国统计年鉴1983 [M]. 北京: 中国统计出版社, 1984.

[51] 中华人民共和国国家统计局. 中华人民共和国2017年国民经济和社会发展统计公报 [M]. 北京: 中国统计出版社, 2018.

[52] 中国社会科学院语言研究所词典编辑室. 现代汉语词典(第7版)[M]. 北京: 商务印书馆, 2018.

[53] 钟鲁斋. 比较教育: 上 [M]. 福建: 福建教育出版社, 2010.

[54] 朱家存. 教育均衡发展政策研究 [M]. 北京: 中国社会科学出版社, 2003.

[55] 皮埃尔·布迪厄, 华康德. 实践与反思: 反思社会学导引 [M]. 李猛, 李康, 等译. 北京: 中央编译出版社, 2004.

[56] 亚里士多德. 政治学 [M]. 吴寿彭, 译. 北京: 商务印书馆, 1983.

[57] 本杰明·莱文. 教育改革——从启动到成果 [M]. 项贤明, 洪成文, 译. 北京: 教育科学出版社, 2004.

[58] 埃莉诺·奥斯特罗姆, 拉里·施罗德, 苏珊·温. 制度激励与可持续发展——基础设施政策透视 [M]. 陈幽泓, 谢明, 任睿, 译. 上海: 上海三联书店, 2000.

[59] 彼得·S. 温茨. 环境正义论 [M]. 朱丹琼, 宋玉波, 译. 上海: 上海人民出版社, 2007.

[60] E. 博登海默. 法理学: 法律哲学和法律方法 [M]. 邓正来, 译. 北京: 中国政法大学出版社, 1999.

[61] 王逢振. 文化研究和政治意识: 詹姆逊文集(第3卷)[M]. 北京: 中国人民大学出版社, 2004.

[62] 理查德·沙沃森, 丽萨·汤. 教育科学研究 [M]. 曹晓南, 等译. 北京: 教育科学出版社, 2006.

[63] 托马斯·J. 萨乔万尼. 道德领导: 抵及学校改善的核心 [M]. 冯大鸣, 译. 上海: 上海教育出版社, 2002.

[64] 韦恩·厄本, 杰宁斯·瓦格纳. 美国教育: 一部历史档案 [M]. 周晟, 谢爱磊, 译. 北京: 中国人民大学出版社, 2009.

[65] 文森特·帕里罗, 约翰·史汀森, 阿黛思·史汀森. 当代社会问题 (第4版) [M]. 周兵, 等译. 北京: 华夏出版社, 2002.

[66] 西奥多·W. 舒尔茨. 改造传统农业 [M]. 梁小民, 译. 北京: 商务印书馆, 1987.

[67] 约翰·罗尔斯. 正义论 [M]. 何怀宏, 等译. 北京: 中国社会科学出版社, 1988.

[68] 詹姆斯·G. 马奇, 约翰·P. 奥尔森. 重新发现制度: 政治的组织基础 [M]. 张伟, 译. 北京: 生活·读书·新知三联书店, 2011.

[69] 珍妮·H. 巴兰坦. 美国教育社会学 [M]. 李舒驰, 刘慧珍, 杨京梅, 译. 北京: 春秋出版社, 1989.

[70] 阿马蒂亚·森. 以自由看待发展 [M]. 任赜, 于真, 译. 北京: 中国人民大学出版社, 2002.

[71] 安东尼·吉登斯. 社会的构成——结构化理论纲要 [M]. 李康, 李猛, 译. 北京: 中国人民大学出版社, 2016.

[72] 霍恩比. 牛津高阶英汉双解词典 (第6版) [M]. 石孝殊, 等译. 北京: 商务印书馆, 2004.

[73] 齐格蒙特·鲍曼. 流动的现代性 [M]. 欧阳景根, 译. 北京: 中国人民大学出版社, 2018.

(二) 期刊

[1] 艾四林, 曲伟杰. 西方 "人权高于主权" 学说的局限及其问题 [J]. 马克思主义与现实, 2020 (3).

[2] 白娟. 习近平的城乡一体化思想 [J]. 吉首大学学报 (社会科学版), 2017, 38 (S1).

[3] 毕妍, 齐海涵. 英国教师绩效工资制: 缘起、特点及启示 [J]. 现代教育管理, 2012 (1).

[4] 卞靖. 以促进城乡要素平等交换为突破推进农业供给侧结构性改革 [J]. 中国经贸导刊, 2017 (10).

[5] 蔡定基, 黄威. 义务教育均衡发展视野下的学区集团管理模式探析 [J]. 全球教育展望, 2011(11).

[6] 蔡金花. 美国中小学教师终身教职制度的改革动向 [J]. 比较教育研究, 2010(4).

[7] 蔡永红, 张筱茜. 美国中小学教师职级制度及其启示 [J]. 中国教育学刊, 2012(2).

[8] 常琳. 教育公平与教育质量的冲突与选择 [J]. 亚太教育, 2016(1).

[9] 陈静漪, 李晓华. 从城乡分立到城乡一体化——中国农村义务教育供给机制演进路径分析 [J]. 西南大学学报(社会科学版), 2012, 38(5).

[10] 陈坤. 义务教育城乡一体化改革发展的价值取向 [J]. 课程教学研究, 2016(11).

[11] 陈巧云, 蒋平, 张乐天. 城乡统筹背景下义务教育均衡发展研究热点述评 [J]. 上海教育科研, 2014(5).

[12] 陈巧云, 张乐天, 蒋平. 管窥城乡统筹背景下的义务教育研究现状 [J]. 教育学术月刊, 2014(3).

[13] 陈永峰. 理性、善治与现代化: 新时代中国特色国家治理路径选择 [J]. 学习与探索, 2019(10).

[14] 程方平. 瑕不掩瑜、东施效颦和自知之明——读Fred Dervin(文德)《破除神话: 还原真实的芬兰教育》有感 [J]. 中国人民大学教育学刊, 2019(4).

[15] 程天君, 王焕. 从"文字下乡"到"文字上移": 乡村小学的兴衰起伏 [J]. 教育学术月刊, 2014(8).

[16] 程天君. 改革教育改革: 从作为政治—经济改革到作为社会—文化改革 [J]. 湖南师范大学教育科学学报, 2012(2).

[17] 褚宏启. 城乡教育一体化: 体系重构与制度创新——中国教育二元结构及其破解 [J]. 教育研究, 2009(11).

[18] 褚宏启. 创新学区化管理模式 促进优质教育资源均衡配置 [J]. 北京教育(普教版), 2012(6): 10-11.

[19] 党国英. 中国农村研究: 农村改革40年(笔谈一)·农村改革的逻辑 [J]. 华中

师范大学学报（人文社会科学版），2018（5）.

[20] 董爱华. 英国教师的专业标准［J］. 教育评论，2009（3）.

[21] 东北师范大学农村教育研究所. 如何提高农村教师职业吸引力［J］. 新华文摘，2014（22）.

[22] 段娟，文余源，鲁奇. 近十五年国内外城乡互动发展研究述评［J］. 地理科学进展，2006（4）.

[23] 段乔雨. 新生代农村留守儿童家庭教育的困境与突围［J］. 现代教育科学，2017（12）.

[24] 范先佐. 乡村教育发展的根本问题［J］. 华中师范大学学报（人文社会科学版），2015（5）.

[25] 樊浩. 公共物品与社会至善［J］. 武汉大学学报（哲学社会科学版），2019（3）.

[26] 冯建军. 义务教育优质均衡发展的理论研究［J］. 全球教育展望，2013，42（1）.

[27] 冯建军. 后均衡化时代的教育正义：从关注"分配"到关注"承认"［J］. 教育研究，2016（4）.

[28] 冯晖. 日本"教师轮岗制"对我国基础教育建立"教师流动制"的启迪［J］. 湘潭师范学院学报，2006（28）.

[29] 冯雷. 中国城乡一体化的理论与实践［J］. 中国农村经济，1999（1）.

[30] 傅松涛. 生态化：教育质量的时代趋势与坐标［J］. 中国人民大学教育学刊，2012（4）.

[31] 高雪. 美国公私立中小学教师流动趋势、成因及应对策略——基于教师追踪调查TFS项目［J］. 教育学刊，2014（10）.

[32] 郭彩琴. 马克思主义城乡融合思想与我国城乡教育一体化发展［J］. 马克思主义研究，2010（3）.

[33] 郭朝红，王彬. 美国学区的特点与运行机制［J］. 上海教育科研，2001（1）.

[34] 郭丹丹. 学区化办学中资源整合的风险与路径［J］. 人民教育，2015（15）.

[35] 郭喜永. 实现城乡义务教育一体化的策略研究［J］. 教育探索，2015（6）.

[36]韩宝江.芬兰的教育体制(一)[J].基础教育参考,2019(15).

[37]韩小雨,庞丽娟,谢云丽.中小学教师编制标准和编制管理制度研究——基于全国及部分省区现行相关政策的分析[J].教育发展研究,2010(8).

[38]郝保伟,鱼霞.从现状透视中小学教职工编制管理的问题与政策走向[J].教师教育研究,2013(6).

[39]洪银兴,陈雯.城市化和城乡一体化[J].经济理论与经济管理,2003(4).

[40]黄维海.基于SEP框架的城—镇—乡教育差距扩大(1995—2014)机制分析及对策[J].教育与经济,2016(5).

[41]贾群生.公平而有质量的教育:一种教育社会学的诠释[J].贵州师范大学学报(社会科学版),2019(2).

[42]蒋承,张思思.大学生基层就业的趋势分析:2003—2017[J].华东师范大学学报(教育科学版),2018,36(5).

[43]李春玲.教育不平等的年代变化趋势(1940—2010)——对城乡教育机会不平等的再考察[J].社会学研究,2014(2).

[44]李潮海,于月萍.城乡教育一体化若干基本问题的思考[J].现代教育管理,2010(4).

[45]李玲,黄宸,薛二勇.新阶段城乡义务教育一体化发展评估研究[J].教育研究,2017(3).

[46]李玲,韩玉梅.西方国家中小学教师流动的经验与启示[J].比较教育研究,2011(11).

[47]李玲,宋乃庆,龚春燕,等.城乡教育一体化:理论、指标与测算[J].教育研究,2012(2).

[48]李梦茹.芬兰研究型教师培养模式及其启示[J].教师教育学报,2017(6).

[49]李奕.实行学区化管理——实践区域内各类教育资源的深度整合[J].中小学管理,2006(2).

[50]李莹亮.专访芬兰驻华大使馆教育及科学参赞Mari-Anna Suurmunne博士:芬兰的秘密是没有差的学校[J].科技与金融,2019(11).

[51]李桢业.城市居民幸福指数的省际差异——沿海地区12省(区、市)城市居民

统计数据的实证分析[J].社会科学研究,2008(3).

[52]李智贤.教育公平视野下教师资源配置的反思与建设——兼评日本中小学教师定期流动制[J].湖南师范大学教育科学学报,2011(3).

[53]雷万鹏.构建适应人口流动的教育资源配置机制[J].教育发展研究,2020,40(Z2).

[54]梁好."无校籍管理"的思考[J].教学与管理,2013(8).

[55]刘海峰.我国城乡教育一体化改革的若干理论问题[J].教育理论与实践,2011,31(32).

[56]刘见,李文杰.中国建立流动人口义务教育转移支付制度的原因与要求[J].中国发展,2018,18(1).

[57]刘来兵,冯露.浅析推动城乡义务教育一体化发展[J].河北师范大学学报(教育科学版),2019,21(3).

[58]刘明.山东省竞技体育队伍的现状及发展对策[J].上海体育学院学报,2001(3).

[59]刘能静,马莎.直播课堂,让乡村孩子看见光[J].半月谈,2018(7).

[60]刘善槐.我国农村教师编制结构优化研究[J].教育研究,2016(4).

[61]刘善槐,邬志辉.我国农村教师编制的关键问题与改革建议[J].人民教育,2017(7).

[62]刘善槐,王爽.我国义务教育资源空间布局优化研究[J].教育研究,2019,40(12).

[63]刘善槐,王爽,武芳.我国农村小规模学校教师队伍建设研究[J].教育研究,2017(9).

[64]刘涛,陶媛.芬兰中小学教师教育硕士化制度探析[J].教育探索,2012(12).

[65]刘文华.高校教师利益机制分析[J].荆门职业技术学院学报,2004(2).

[66]柳丽娜,朱家存.中小学教师编制城乡统筹研究[J].教育与经济,2009,(4):39-42.

[67]柳丽娜,朱家存,周兴国.县域教师编制动态管理中的"撤脂"现象及其矫正[J].教育发展研究,2018(2).

[68] 吕梦琦, 晏国政. "空心化"挑战农村教育布局[J]. 瞭望, 2016 (15).

[69] 倪鹏飞, 蔡书凯, 王雨飞. 中国城乡一体化进程研究与评估[J]. 城市观察, 2016 (1).

[70] 彭波, 邹蓉. 义务教育阶段教师均衡发展的内容体系研究——基于义务教育优质均衡发展的视角[J]. 当代教育论坛, 2017 (3).

[71] 秦玉友. 城乡义务教育师资配置均衡化: 巩固成就与跨越陷阱[J]. 教育与经济, 2016 (6).

[72] 全国教育科学"十五"规划 FFBO11148 课题组成都子课题组. 《成都市构建城乡教育一体化发展模式研究》的研究报告(摘要) [J]. 成都教育学院学报, 2006 (7).

[73] 任仕君. 论乡村教师与乡土伦理传承[J]. 教育研究与实验, 2016 (2).

[74] 任小燕, 胡金平. 就近入学政策下学区意识的影响及对策[J]. 教育与职业, 2010 (3).

[75] 任远. 当前中国户籍制度改革的目标、原则与路径[J]. 南京社会科学, 2016 (2).

[76] 阮成武. 新中国60年教育定位变迁及价值转向[J]. 华中师范大学学报(人文社会科学版), 2011 (2).

[77] 阮成武. 我国义务教育均衡发展政策的演进逻辑与未来走向[J]. 教育研究, 2013, 34 (7).

[78] 单丽卿. "因改善而消亡": 标准化建设与农村小规模学校生存困境——基于县域义务教育均衡政策的实践案例[J]. 中国农业大学学报(社会科学版), 2019, 36 (4).

[79] 赵新亮, 张彦通. 学区一体化管理特征与路径——基于组织变革的视角[J]. 中国教育学刊, 2015 (6).

[80] 尚伟伟, 郅庭瑾. 人口变动与教育资源优化配置——中国教育发展论坛2019综述[J]. 清华大学教育研究, 2019, 40 (3).

[81] 陶继新. 办好乡村教育的思考与对策——访当代著名教育专家顾明远教授[J]. 教育文化论坛, 2018, 10 (5).

[82] 田俊, 王继新, 王萱. "互联网+在地化": 乡村学校教学质量提升的实践研究 [J]. 中国电化教育, 2019 (10).

[83] 王华, 陈烈. 西方城乡发展理论研究进展 [J]. 经济地理, 2006 (3).

[84] 王俊秀. 注意: 中国家庭的教育投入可能出现拐点 [J]. 成才之路, 2008 (14).

[85] 王克勤. 论城乡教育一体化 [J]. 普教研究, 1995 (1).

[86] 王兰娟. 中世纪英国文法学校初探 [J]. 首都师范大学学报 (社会科学版), 2005 (S1).

[87] 王悦, 王雁. 美国学区制管理的体制及其启示 [J]. 教学与管理, 2016 (6).

[88] 魏后凯, 李玏, 年猛. "十四五" 时期中国城镇化战略与政策 [J]. 中共中央党校 (国家行政学院) 学报, 2020 (8).

[89] 邬志辉. 当前我国城乡义务教育一体化发展的核心问题探讨 [J]. 教育发展研究, 2012, 32 (17).

[90] 邬志辉, 陈昌盛. 我国义务教育阶段教师编制供求矛盾及改革思路 [J]. 教育研究, 2018 (8).

[91] 吴晶. 美国学区制及其对我国的启示 [J]. 现代教育管理, 2017 (11).

[92] 肖昊, 周丹. 美国公共基础教育财政的分配模式 [J]. 教育与经济, 2013 (3).

[93] 肖其勇. 教育均衡诉求学区制 [J]. 中国教育学刊, 2014 (5).

[94] 谢华, 段兆兵. 农村小学教师流失问题与补充机制研究——基于对安徽省S县部分小学的调查 [J]. 教育理论与实践 (B), 2011 (10).

[95] 谢婉玥. 邓小平的城乡统筹发展思想及其现实启示 [J]. 当代教育实践与教学研究, 2017 (8).

[96] 辛治洋, 朱家存. 无校籍管理: 价值诉求和政策审思——以安徽省芜湖市弋江区为个案 [J]. 教育科学研究, 2018 (8).

[97] 许彩玲, 李建建. 习近平城乡发展一体化思想的多维透视 [J]. 福建论坛 (人文社会科学版), 2015 (3).

[98] 薛晓阳. 乡村伦理重建: 农村教育的道德反思 [J]. 教育研究与实验, 2016 (2).

[99] 徐湘荷. 以生态为本的教育哲学: 包华士的生态正义教育学 [J]. 外国教育研

究, 2010（10）.

［100］闫荣国. 资源配置水平与农村教学点校际规模的关系——基于陕西省调查数据的实证分析［J］. 教育与经济, 2016（3）.

［101］杨东平. 教育公平是一个独立的发展目标——辨析教育的公平与效率［J］. 教育研究, 2004（7）.

［102］杨建朝. 关系正义视域下教育优质均衡的发展图景［J］. 教育发展研究, 2011, 31（12）.

［103］杨卫安. 城乡义务教育一体化: 制度形态与新时代特征［J］. 现代教育管理, 2020（9）.

［104］姚婷, 段兆兵. 文化冲突视角下中小学教师"流动难"问题及其治理［J］. 教育评论, 2017（7）.

［105］易小明. 论差异性正义与同一性正义［J］. 哲学研究, 2006（8）.

［106］尹建锋. 城乡教师流动的空间正义及其实现［J］. 教育研究, 2020, 41（1）.

［107］应雄. 城乡一体化趋势前瞻［J］. 浙江经济, 2002（13）.

［108］于胜刚, 邬志辉. 简述美国农村学区布局调整（1930—1998）［J］. 学术论坛, 2010（6）.

［109］袁贵仁. 深化教育领域综合改革加快推进教育治理体系和治理能力现代化——在2014年全国教育工作会议上的讲话［J］. 人民教育, 2014（5）.

［110］余秀兰. 关注质量与结果: 我国教育公平的新追求［J］. 南京师范大学学报（社会科学版）, 2019（1）.

［111］张海鹏. 中国城乡关系演变70年: 从分割到融合［J］. 中国农村经济, 2019（3）.

［112］张克俊, 曾旭晖. 城乡要素平等交换的主要矛盾及纾解路径［J］. 贵州省党校学报, 2017（6）.

［113］张力. 城乡一体化发展是义务教育均衡发展的更高要求［J］. 中国教育学刊, 2017（12）.

［114］张乐天. 城乡教育一体化: 目标分解与路径选择［J］. 复旦教育论坛, 2011（6）.

[115] 张乐天. 新世纪以来我国城乡教育统筹发展政策之审思 [J]. 南京师范大学学报 (社会科学版), 2014 (3).

[116] 张旺. 城乡教育一体化: 教育公平的时代诉求 [J]. 教育研究, 2012 (8).

[117] 张文. 美国中小学教师聘任制度的历史沿革 [J]. 科技信息, 2011 (26).

[118] 张霞. 美国学区督导制度的历史与现状 [J]. 世界教育信息, 2008 (12).

[119] 张应强. 教育中介论——关于教育理论、教育实践及其关系的认识 [J]. 教育理论与实践, 1999 (2).

[120] 张勇, 余欣荣. 解读《乡村振兴战略规划 (2018—2022年)》 [J]. 农村经营管理, 2018 (10).

[121] 张玉林. 分级办学制度下的教育资源分配与城乡教育差距——关于教育机会均等问题的政治经济学探讨 [J]. 中国农村观察, 2003 (1).

[122] 张玉林. 中国乡村教育40年: 改革的逻辑和未预期效应 [J]. 学海, 2019 (1).

[123] 赵新娟, 王淑娟. 加快城乡一体化进程的对策研究 [J]. 经济纵横, 2008 (3).

[124] 赵新亮, 张彦通. 学区制推动区域教育优质均衡发展的理论与机制 [J]. 教育理论与实践, 2015 (28).

[125] 郑杭生, 赵文龙. 社会学研究中 "社会结构" 的涵义辨析 [J]. 西安交通大学学报 (社会科学版), 2003 (2).

[126] 郑杭生. 抓住社会资源和机会公平配置这个关键——党的十八大报告社会建设论述解读 [J]. 求是, 2013 (7).

[127] 中国社会科学院课题组. 努力构建社会主义和谐社会 [J]. 中国社会科学, 2005 (3).

[128] 周茂荣. 论80年代中期以来的国际经济一体化趋势 [J]. 世界经济, 1995 (8).

[129] 周兴国. 教育哲学的人论基础及其嬗变 [J]. 苏州大学学报 (教育科学版), 2015 (3).

[130] 周兴国, 江珊. 非权力性资源配置与乡村学校发展困境: 一种理论解释 [J]. 安徽师范大学学报 (人文社会科学版), 2021, 49 (1).

[131] 周章明, 潘巧丽. 分析基本公共服务均等化相关概念及意义[J]. 智库时代, 2018(51).

[132] 朱文辉. 城乡义务教育一体化发展: 困境剖析与出路分析——政府职能的视角[J]. 当代教育论坛, 2019(1).

[133] 祝小宁, 罗敏. 对马克思恩格斯城乡统筹发展理论体系的当代解读[J]. 西华师范大学学报(哲学社会科学版), 2008(5).

[134] 宗晓华, 杨素红, 秦玉友. 追求公平而有质量的教育: 新时期城乡义务教育质量差距的影响因素与均衡策略[J]. 清华大学教育研究, 2018(12).

[135] 左崇良, 漆其胜. 教师编制政策的制度变迁和路径依赖[J]. 教育学术月刊, 2017(1).

(三)学位论文

[1] 陈国铁. 当前英国地方基础教育体系比较[D]. 福建: 福建师范大学, 2003.

[2] 陈琼. 中美公立中小学教师聘任制比较研究[D]. 湖南: 湖南师范大学, 2010.

[3] 陈蓉. 中国与芬兰教师教育课程设置比较研究[D]. 上海: 华东师范大学, 2012.

[4] 刁小伟. 试论19世纪英国的初等教育及政府对策[D]. 上海: 华东师范大学, 2007.

[5] 丁金泉. 我国义务教育均衡发展问题研究[D]. 上海: 华东师范大学, 2014.

[6] 方方. 江泽民统筹城乡发展思想研究[D]. 太原: 山西大学, 2012.

[7] 郭丹丹. 教育不平等的发生机制研究[D]. 上海: 华东师范大学, 2019.

[8] 韩冬. 芬兰教师职前教育研究[D]. 淮北: 淮北师范大学, 2015.

[9] 孔垂海. 党的十六大以来胡锦涛城乡统筹思想研究[D]. 哈尔滨: 东北林业大学, 2014.

[10] 李冰. 二元经济结构理论与中国城乡一体化发展研究[D]. 西安: 西北大学, 2010.

[11] 李婧. 习近平城乡一体化思想研究[D]. 昆明: 云南农业大学, 2017.

[12] 李远方. 美国田纳西州中小学教师职级制度研究[D]. 浙江: 宁波大学, 2014.

[13] 王新红. 山东省体育人力资源一体化实行机制研究[D]. 济南: 山东师范大

学, 2009.

[14] 王媚湄. 当代美国农村中小学合并研究 [D]. 重庆: 西南大学, 2013.

[15] 王晓晨. 美国集团化办学研究 [D]. 上海: 华东师范大学, 2015.

[16] 王正惠. 区域城乡义务教育一体化政策运行研究 [D]. 南京: 南京师范大学, 2014.

[17] 吴晶. 基础教育学区化办学研究 [D]. 上海: 华东师范大学, 2018.

[18] 杨元妍. 生态视角下高校教师专业发展研究 [D]. 武汉: 武汉大学, 2017.

[19] 张金英. 城乡教育一体化的动力机制及战略研究 [D]. 天津: 天津大学, 2010.

[20] 周芬芬. 效率与公平: 农村中小学布局调整的目标冲突与协调 [D]. 武汉: 华中师范大学, 2008.

[21] 朱明宝. 人口流动对我国居民社会信任的影响研究 [D]. 武汉: 中南财经政法大学, 2018.

[22] 朱家存. 走向均衡 [D]. 上海: 华东师范大学, 2002.

(四) 报纸

[1] 陈鹏. 从"有学上"到"上好学"——党的十八大以来全国教育系统推进义务教育均衡发展纪实 [N]. 光明日报, 2018-09-08 (3).

[2] 高春花. 城乡融合发展的哲学问题追问 [N]. 光明日报, 2018-10-22 (15).

[3] 韩俊. 促进城乡公共资源均衡配置 [N]. 经济日报, 2015-11-11 (10).

[4] 何刚. 常州: 集团化办学的"求是"之道 [N]. 江苏教育报, 2019-12-12 (1).

[5] 胡锦涛. 坚定不移沿着中国特色社会主义道路前进, 为全面建成小康社会而奋斗——在中国共产党第十八次全国达标大会上的报告 (2012年11月18日) [N]. 人民日报, 2012-11-18 (1).

[6] 坚持中国特色社会主义教育发展道路 培养德智体美劳全面发展的社会主义建设者和接班人 [N]. 人民日报, 2018-09-11 (1).

[7] 李克强. 认真学习深刻领会全面贯彻党的十八大精神, 促进经济持续健康发展和社会全面进步 [N]. 人民日报, 2012-11-21 (3).

[8] 梁峡林. 我省出台政策保障乡村教师"下得去、留得住、教得好" [N]. 兰州晨报, 2015-11-11 (5).

[9] 林兆木. 把新发展理念贯穿发展全过程和各领域[N]. 人民日报, 2020-12-03 (9).

[10] 任韧. "集团化"办学如何从1.0迈向2.0[N]. 中国教师报, 2020-01-08 (13).

[11] 石莹. 40载砥砺奋进 成就辉煌载史册[N]. 中国教育报, 2018-12-18 (6).

[12] 陶希东. 治理能力现代化的衡量标准[N]. 学习时报, 2014-12-08 (12).

[13] "万里边疆教育行"特别报道组. 漠河: 神州北极的教育色彩[N]. 中国教育报, 2019-09-02 (1).

[14] 王磊. 打破"铁饭碗"! 中国教师编制改革全国"第一枪"在山东打响[N]. 鲁北晚报, 2017-09-13 (16).

[15] 王俊杰. 未来, 教师也不一定是"铁饭碗"[N]. 大江晚报, 2017-11-17 (A5).

[16] 汪明. 教师编制城乡统一要落地"有声"[N]. 中国教育报, 2014-12-02 (2).

[17] 魏后凯. 习近平城乡发展一体化思想的科学基础[N]. 湖北日报, 2016-09-25 (5).

[18] 习近平. 把握"两个趋向"解决"三农"问题[N]. 人民日报, 2005-02-04 (10).

[19] 习近平. 决胜全面建成小康社会 夺取新时代中国特色社会主义伟大胜利[N]. 人民日报, 2017-10-18 (1).

[20] 习近平在全国教育大会强调 坚持中国特色社会主义教育发展道路 培养德智体美劳全面发展的社会主义建设者和接班人[N]. 人民日报, 2018-09-11 (1).

[21] 习近平在中共中央政治局第二十二次集体学习时强调 健全城乡发展一体化体制机制 让广大农民共享改革发展成果[N]. 人民日报, 2015-05-04 (8).

[22] 席敏. 山东5年投逾30亿元改善农村人居环境[N]. 中国建设报, 2017-09-20 (24).

[23] 新华社北京. 近年将吸引4.5万名高校毕业生到乡村任教[N]. 大江晚报, 2018-09-01 (A8).

[24] 熊丙奇. 出台政策"大礼包", 挽留乡村教师[N]. 光明日报, 2017-02-26 (2).

[25] 薛二勇, 单成蔚. 建立事权人权财权相统一的教师管理体制[N]. 中国教育报, 2018-08-24 (2).

[26]阳锡叶, 杨敏. "换代"加速农村师资断层[N]. 中国教育报, 2015-01-19(1).

[27]张翼. 乡村振兴重在有效治理[N]. 光明日报, 2018-10-23(4).

[28]赵婀娜. 读懂"陪读大军"背后的教育焦虑[N]. 人民日报, 2017-09-07(5).

[29]赵秋丽. 山东"县管校聘"激发教师新动能[N]. 光明日报, 2018-09-07(5).

[30]成都深入推进城乡一体化促全域教育均衡优质发展[N]. 中国教育报, 2012-02-02(1).

[31]周洪宇. 农村教育不能成城市教育附庸[N]. 环球时报, 2015-12-08(15).

（五）电子资源

[1]安庆市大观区关于城乡义务教育一体化改革发展工作进展情况的自查报告[EB/OL]. （2019-08-17）[2020-05-04]. http: //aqxxgk. anqing. gov. cn/show. php?id=711589.

[2]沧州市关于城乡义务教育一体化工作改革发展情况的自查报告[EB/OL]. （2018-05-19） [2020-05-04]. http: //jyj. cangzhou. gov. cn/jydd/528705. shtml.

[3]定了! 教师编制真的要取消, 改革详情分析[EB/OL]. （2017-11-2）[2020-03-05]. https: //www. toutiao. com/i6491063232210403854/.

[4]高举中国特色社会主义伟大旗帜 为夺取全面建设小康社会新胜利而奋斗[EB/OL]. （2019-10-23）[2019-11-11]. http: //cpc. people. com. cn/GB/64162/64168/106155/106156/ 6430009,html.

[5]国际地位显著提高 国际影响力明显增强——改革开放40年经济社会发展成就系列报告之十九[EB/OL]. （2018-09-17）[2019-12-05]. http: //www. stats. gov. cn/tjsj/zxfb/ 201809/t20180917_1623310.html.

[6]1978年—2013年全国人口和城镇化率[EB/OL]. （2014-07-22）[2019-11-11]. http: //www. stats. gov. cn/.

[7]关于基础教育改革与发展的决定[EB/OL]. （2001-12-12）[2019-01-31]. http: //www. gov. cn/gongbao/content/2001/ content_60920.htm.

[8]中国教育现代化2035[EB/OL]. （2019-02-23）[2019-08-11]. http: //www. moe. gov. cn/ jyb_xwfb/s6052/moe_838/201902/t20190223_370857.html.

［9］国务院办公厅关于进一步调整优化结构提高教育经费使用效益的意见［EB/OL］.（2018-08-27）［2020-08-11］. http: //www. gov. cn/zhengce/content/2018-08/27/content_5316874.htm.

［10］国务院办公厅关于全面加强乡村小规模学校和乡镇寄宿制学校建设的指导意见［EB/OL］.（2018-05-02）［2020-11-11］. http: //www. gov. cn/zhengce/content/2018-05/02/content_5287465.htm.

［11］蒋璇璇. 捍卫"网课"机会公平，不让一个孩子掉队［N/OL］. 华西都市报，2020-03-04［2020-04-04］. https: ///e. thecover. cn/shtml/hxdsb/20200304/1261445.shtml.

［12］海盐城乡义务教育一体化改革发展的实践与探索［EB/OL］.（2017-01-17）［2018-11-17］. http: //www. moe. gov. cn/jyb_xwfb/xw_zt/moe_357/jyzt_2016mztzl/ztzl_xymcs/ztzl_xy_dbxjy/201701/t20170117_2950075.html.

［13］对十三届全国人大二次会议第4941号建议的答复［EB/OL］.（2019-12-05）［2020-12-25］. http: //www. moe. gov. cn/jyb_xxgk/xxgk_jyta/jyta_jijiaosi/201912/t20191205_410971.html.

［14］国务院关于深入推进义务教育均衡发展的意见［EB/OL］.（2012-09-07）［2020-08-11］. www. moe. gov. cn/jyb_xwfb/xw_zt/moe_357/jyzt_2016mztzl/ztzl_xymcs/ztzl_xy_zcfg/201701//t20170117_2950047.html.

［15］走活城乡教育一盘棋——河北省大名县推进城乡义务教育一体化发展纪实［EB/OL］.（2018-07-05）［2020-08-11］. http: //www. moe. cn/jyb_xwfb/moe_2082/zl_2018n/2018_zl49/201807//t20180705_342046.html.

［16］孩子在哪儿都能上好学——江西新干县多措并举推进城乡教育一体化［EB/OL］.（2018-07-06）［2020-08-11］. http: //www. moe. gov. cn/jyb_xwfb/moe_2082/zl_2018n/2018_zl49/201807/t20180706_342158.html.

［17］27个教育集团"抱团发展"——宁波鄞州区实施城乡统一标准打造品质教育新高地［EB/OL］.（2018-08-02）［2020-08-11］. http: //www. moe. gov. cn/jyb_xwfb/moe_2082/zl_2018n/2018_zl49/201808/t20180802_344099.html.

［18］2019年全国教育事业发展统计公报［EB/OL］.（2020-05-20）［2020-07-21］.

http://www.moe.gov.cn/jyb_sjzl/sjzl_fztjgb/202005/t20200520_456751.
html.

[19] PISA 2018测试结果正式发布[EB/OL]．（2019-12-04）[2020-08-11]．http:
//www.moe.gov.cn/jyb_xwfb/gzdt_gzdt/s5987/201912/t20191204_410707.
html.

[20] 教育部 国家发展改革委 财政部关于切实做好义务教育薄弱环节改善与能
力提升工作的意见[EB/OL]．（2019-07-18）[2020-11-11]．http://www.
gov.cn/xinwen/2019-07/18/content_5410847.htm.

[21] 青海西宁以跨城乡集团化办学促义务教育均衡发展[EB/OL]．（2019-
12-13）[2020-11-17]．http://www.moe.gov.cn/jyb_xwfb/s5147/201912/
t20191223_411109.html.

[22] 2009年全国教育事业发展统计公报[EB/OL]．（2010-08-03）[2019-01-31]．
http://www.gov.cn/gzdt/2010-08/03/content_1670245.htm.

[23] 国务院关于统筹推进县域内城乡义务教育一体化改革发展的若干意见[EB/
OL]．（2016-07-11）[2020-08-11]．http://www.moe.gov.cn/jyb_xxgk/
moe_1777/moe_1778/201607/t20160711_271476.html.

[24] 重庆永川区：一体化办学解"乡村弱城镇挤"[EB/OL]．（2018-08-
04）[2020-08-11]．http://www.moe.gov.cn/jyb_xwfb/moe_2082/
zl_2018n/2018_zl49/201808/t20180806_344341.html.

[25] 介绍以数据看党的十八大以来我国教育改革发展有关情况[EB/OL]．
（2017-09-28）[2020-08-11]．http://www.moe.gov.cn/jyb_xwfb/xw_fbh/
moe_2069/xwfbh_2017n/xwfb_20170928/201709/t20170928_315538.html.

[26] 辽宁将推进中小学教师"无校籍管理"[EB/OL]．（2018-08-13）[2020-03-
05]．http://edu.people.com.cn/n1/2018/0813/c1053-30225443.html

[27] 吕春荣.拿什么留住你？聚焦中国330万乡村教师的"去与留"[EB/OL]．
（2015-09-10）[2020-03-05]．http://www.chinanews.com/.

[28] 马军胜.中国快递业发展变革分析[EB/OL]．（2015-01-04）[2021-03-05]．
https://www.douban.com/note/666908112/.

[29] 权威访谈：一项助圆亿万人市民梦的重大改革 [EB/OL]. （2017-10-14）
　　 [2020-03-05]. http: //www. gov. cn/xinwen/2014-07/31/content_2727405.
　　 htm.

[30] 沈宫石, 王俊杰. 芜湖弋江区实施教师无校籍管理 [EB/OL]. （2018 -07-
　　 05）[2020-08-11]. http: //news. eastday. com/eastday/ 13news/auto/news/csj/
　　 u7ai1270179_K4.html.

[31] 太原106所联盟校资源共享 [EB/OL]. （2012-12-26）[2020-03-05]. http://
　　 news.sohu.com/20121226/n361647102.shtml.

[32] 魏海政. 山东设中小学教师临时周转编制专户 [EB/OL]. （2015-09-25）
　　 [2021-03-05]. http: //edu. people. com. cn/n/2015/0925/c1053-27633585.html.

[33] 文家祥. 岩口复兴学校 "四举措" 实现学区一体化管理 [EB/OL]. （2017-04-
　　 03）[2021-03-05]. http: //www. wzjy. cq. cn/ReadNews. asp?NewsID=24135.

[34] 我国教育财政投入首超3万亿, 北大教授吁警惕教育 "拉美化" [EB/OL].
　　 （2017-11-17） [2020-03-05]. http: //www. thepaper. cn/newsdetail_
　　 forward_1868346.

[35] 吴国颂. 义务教育阶段学校从此联盟办学 [EB/OL]. （2017-04-03）[2021-
　　 03-05]. http: //news. sina. com. cn/c/2016-07-21/doc-iFuifip2488679.shtml.

[36] 肖汉平. 加快推进长江经济带一体化, 打造高质量发展经济带 [EB/OL].
　　 （2019-08-31） [2020-11-17]. http: //www. qstheory. cn/2019-08/31/
　　 c_1124944607.htm.

[37] 习近平在湖北调研：实实在在接地气 [EB/OL]. （2013-07-24）[2021-03-
　　 05]. http: //www. people. com. cn/.

[38] 习近平2015年12月25日视察解放军报社时的讲话 [EB/OL]. （2018-08-22）
　　 [2018-11-17]. http: //media. people. com. cn/n1/2018/0822/c40606-30244361.
　　 html.

[39] 习近平总书记2019年1月8日在京津冀协同发展座谈会上的讲话 [EB/OL].
　　 （2019-01-08） [2021-03-05]. https: //www. xuexi. cn/lgpage/detail/index.
　　 html?id=1611701975694235479.

[40] 习近平2015年1月19日至21日在云南考察工作时的讲话 [EB/OL].（2015-01-22）[2019-11-11]. https：//www. xuexi. cn/ lgpage/detail/index. html?id=15309761282700410518.

[41] 新华社. 2016年全国城乡收入差距进一步缩小 [EB/OL].（2017-01-20）[2021-03-05]. http：//politics. people. com. cn/n1/2017/0120/c1001-29039208. html.

[42] 2位老师3个娃，巢湖这所"微型小学"如期开学 [EB/OL].（2017-09-02）[2021-03-05]. http：//news. xinhuanet. com/photo/2017-09-02/c_1121588978. htm.

[43] 胡锦涛在中国共产党第十八次全国代表大会上的报告 [EB/OL].（2012-11-17）[2019-10-11]. http：//www. xinhuanet. com//18cpcnc/2012-11-17/c_113711665_8.htm.

[44] 熊丙奇. 义务教育均衡：从乡村教师待遇破题 [EB/OL].（2017-02-26）[2021-03-05]. http：//news. gmw. cn/2017-02-26/content_23824170.htm.

[45] "寻找最美乡村教师"大型公益活动简介 [EB/OL].（2011-06-16）[2021-03-05]. http：//www. gmw. cn.

[46] 徐媛，陈飞. 长沙首个试点学校破冰"教改"：全员竞聘上岗打破"铁饭碗" [EB/OL].（2017- 08-29）[2021-03-05]. http：//news. eastday. com/c/20170829/u1a13229843.html. /u1a13229843.html.

[47] 中办国办印发《关于促进劳动力人才社会性流动体制机制改革的意见》 [EB/OL].（2019-12-27）[2021-03-05]. https：//baijiahao. baidu. com/s?id=1654082723189587919&wfr=spider&for=pc.

[48] 五年来全国教育经费总投入累计接近17万亿元 [EB/OL].（2017-12-23）[2019-05-17]. http：//www. gov. cn/xinwen/2017-12-23/content_5249822. htm.

[49] 2019年全国教育事业发展情况 [EB/OL].（2020-08-31）[2020-12-25]. http：//www. moe. gov. cn/jyb_sjzl/s5990/202008/t20200831_483697.html.

[50] 义务教育均衡发展的历史新征程 [EB/OL].（2019-12-18）[2020-08-11].

http://www.moe.gov.cn/jyb_xwfb/s5147/201912/t20191218_412501.html.

[51]教育部 国家统计局 财政部关于2018年全国教育经费执行情况统计公告 [EB/OL]. (2019-10-16) [2020-08-11]. http://www.moe.gov.cn/srcsite/ A05/s3040/201910/t20191016_403859.html.

[52]教育部2015年工作要点[EB/OL]. (2019-02-12) [2020-08-11]. http://old.moe. gov.cn//publicfiles/business/htmlfiles/moe/moe_164/201502/183971.html.

[53]中共中央关于制定国民经济和社会发展第十四个五年规划和二〇三五年远 景目标的建议[EB/OL]. (2020-11-05) [2020-11-11]. http://www.gov.cn/ zhengce/2020-11/03/content_5556991.htm.

[54]国务院办公厅关于印发贫困地区儿童发展规划(2014—2020年)的通知 [EB/OL]. (2015-01-15) [2020-12-25]. http://www.gov.cn/zhengce/ content/2015-01/15/content_9398.htm.

[55]2019年全国教育事业发展统计公报[EB/OL]. (2020-05-20) [2020-12- 25]. http://www.moe.gov.cn/jyb_sjzl/sjzl_fztjgb/202005/t20200520_456751. html.

[56]中华人民共和国国民经济和社会发展第十个五年计划纲要[EB/OL]. (2007-09-12) [2019-01-31]. http://ghs.ndrc.gov.cn/ghwb/gjwngh/200709/ P020070912634 2530011114.

[57]2018年全国教育事业发展情况[EB/OL]. (2019-07-24) [2020-08-11]. http: //www.moe.gov.cn/jyb_sjzl/s5990/201909/t20190929_4011639.html.

[58]中小学生学籍管理办法[EB/OL]. (2018-02-09) [2019-08-09]. http:/// www.gov.cn/gzdt/2013-08/23/content_2472290.

[59]周继凤. 从数据看十八大以来我国教育改革发展新变化[EB/OL]. (2017- 09-28) [2019-11-05]. http://www.moe.gov.cn/jyb_xwfb/xw_fbh/moe_2069/ xwfbh_2017n/xwfb_20170928/mtbd/201709/t20170929_315705.html.

(六)报告

[1]联合国教科文组织. 世界教育报告 1988[R]. 北京: 中国对外翻译出版公司, 1998.

［2］国家教育督导团.国家教育督导团对江西等六省中小学校长教师管理情况专项督导检查公报［R/OL］.（2006-04-03）［2019-11-05］.http://www.jyb.cm/zyk/jyzcfg/200604/t20060403_55765.html.

［3］国家统计局.服务业在改革开放中快速发展 擎起国民经济半壁江山——改革开放40年经济社会发展成就系列报告之十［R/OL］.（2018-09-10）［2019-11-05］.https://www.qjnam.gov.cm/html/2018/ggkf_0910/296444.html.

［4］邬志辉.中国农村教育发展报告2013—2014［R］.长春:东北师范大学农村教育研究所课题组,2014.

二、外文文献

［1］A Guide to Education and No Child Left Behind ［EB/OL］.（2018-09-23）［2021-03-05］.https://www2.ed.gov/nclb/overview/intro/guide/guide.pdf.

［2］A Nation at Risk: The Imperative for Educational Reform.［EB/OL］（2019-07-05）［2019-08-11］.https://www2.ed.gov/pubs/NatAtRisk/risk.html.

［3］A Relevant History of Public Education in the United States［EB/OL］.（2019-07-05）［2020-08-11］.https://www.publicschoolreview.com/blog/a-relevant-history-of-public-education-in-the-united-states.

［4］Alistair Ross, Merryn Hutchings. Attracting, Developing and Retaining Effective Teachers in the United Kingdom of Great Britain and Northern Ireland（OECD Country Background Report）［EB/OL］.（2017-10-12）［2021-03-05］.http://www.oecd.org/edu/school/2635748.pdf.

［5］A Nation at Risk: The Imperative for Educational Reform［EB/OL］.（2018-09-23）［2021-03-05］.https://www2.ed.gov/pubs/NatAtRisk/risk.htm.

［6］Bibby P. Urban and Rural Area Definitions for Policy Purposes in England and Wales: Methodology ［EB/OL］.（2017-09-17）［2021-03-05］.https://www.gov.uk/government/uploaD/system/uploaD/attachment_data/file/239477/RUC11methodologypaperaug_28_Aug.pdf.

[7] Deven Carlson, Elizabeth Bell Monday. Can School Districts Achieve Racial Integration by Pursuing Socio-economic Integration? [EB/OL]. (2019-07-15) [2020-08-11]. https: //www. brookings. edu/blog/brown-center-chalkboard/2019/07/15/can-school-districts-achieve-racial-integration-by-pursuing-socioeconomic-integration/.

[8] Finland's life [EB/OL]. (2019-07-05) [2020-08-11]. http: //www. oecdbetterlifeindex. org/ countries/finland/.

[9] Finland: Instructional Systems [EB/OL]. (2013-07-05) [2020-08-11]. http: //ncee. org/ what-we-do/center-on-international-education-benchmarking/top-performing-countries/ finland-overview/finland-instructional-systems/.

[10] Finland: Supporting Equity [EB/OL]. (2015 -05-07) [2020-08-11]. http: // ncee. org/what-we-do/ center-on-international-education-benchmarking/top-performing-countries/finland-overview/ finland-education-for-all/.

[11] Francis Riesa, Cristina Yanes Cabrerab, Ricardo González-Carriedo. A Study of Teacher Training in the United States and Europe [J]. The European Journal of Social & Behavioural Sciences, 2016, 17(2).

[12] Genevieve Siegel-Hawley, Erica Frankenberg. The Disintegration of Memphis-Shelby County, Tennessee: School District Secession and Local Control in the 21st Century [J]. American Educational Research Journa, 2018 (55).

[13] General Teaching Council for Scotland, Newly Qualified Struggling to Find Work in Scotland [EB/OL]. (2017-09-26) [2021-03-05]. http: //www. sec-ed. Co. uk/news/newly-qualified-struggling-to-find-work-in-scotland/.

[14] Hurwicz, Leonid. The Design of Mechanisms for Resource Allocation [R]. American Economic Association 3 1973.

[15] Lorella Terzi. Capability and Educational Equality: The Just Distribution of Resources to Students with Disabilities and Special Educational Needs [J]. Journal of Philosophy of Education, 2007(4).

[16] Matt Barnum. Did Busing for School Desegregation Succeed? Here's What Research Says [EB/OL]. (2019-07-01) [2019-11-11]. https: //chalkbeat. org/ posts/us/2019/07/01/busing-for- school-integration-succeed-work-research/.

[17] National College for Teaching and Leadership. Find Out How to Obtain Qualified Teacher Status (QTS) to Teach in A Maintained School or Non-maintained Special School in England [EB/OL]. (2017-09-24) [2018-09-22]. https: //www. gov. uk/guidance/qualified-teacher-status-qts.

[18] National Professional Qualification for Headhip (NPQH) [EB/OL]. (2018-09-22) [2021-03-05]. https: //www. gov. uk/guidance/national-professional-qualification-for-heaDhip-npqh.

[19] National Standard of Excellence for Headteachers Departmental Advice for Headteachers, Governing Board and Aspiring Headteachers [EB/OL]. (2018-09-22) [2021-03-05]. https: //assets. publishing. service. gov. uk/ government/arD_of_Excellence_for_Headteachers. pdf.

[20] National Defense Education Act [EB/OL]. (2019-07-05) [2019-08-11]. https: //history. house. gov/ HouseRecord/Detail/ 15032436195.

[21] OECD (2013). Rural-Urban Partnerships: An Integrated Approach to Economic Development.OECDPublishing [EB/OL]. (2013-07-05) [2020-08-11].https://www.oecd-ilibrary.org/urban-rural-and-regional-development/ rural-urban-partnerships_9789264204812-en.

[22] OECD. Education Policy Outlook Finland: Finland [EB/OL]. (2017 -01-05) [2019-08-11]. http: //www. oecd. org/education/ highlightsfinland. htm.

[23] Professional Standard for Teachers Post Threshold [EB/OL]. (2018-09-18) [2021-03-05]. https: //www. rbkc. gov. uk/pdf/Post%20threshold%20 standarD. pdf.

[24] Liston, D., Borko, H., & Whitcomb, J. The Teacher Educator's Role in Enhancing Teacher Quality [J]. Journal of Teacher Education, 2008, 59 (2).

［25］The Professional Standard Framework for Teachers［EB/OL］．（2018-09-18）［2021-03-05］．https：//www．rbkc．gov．uk/cpd-schools/teachers/newly-qualified-teachers/nqt-induction-hand-book/professional-standarD.

［26］U.K. Department of Education.Schools Workforce in England 2010 to 2015：Trend and Geographical Comparisons［EB/OL］．（2017-09-20）［2021-03-05］．https://www.gov.uk//government//upload/system/upload/attachment_data/file/550970/SFR44_2016_text．pdf.

［27］U. K. Department of Education［EB/OL］．（2017-09-10）［2021-03-05］．https：//www．compare-school-performance.service.gov.uk/school/110158?tab=workforce-and-finance.

［28］U.K. Department for Education．Class Size and Education in England Evidence Report ［EB/OL］．（2017-09-10）［2021-03-05］．https://ifp.nyu．edu/2012/grey-literature/department-for-education-class-size-and-education-in-england-evidence-report/.

［29］U. S. Department of Education．Equality of Opportunity［EB/OL］．（2019-07-05）［2020-08-11］．https：//www．ed.gov/equity.

［30］U. S. Department of Education．National Center for Education Statistics，Percentage Distribution of Public Elementary and Secondary Schools with A Teaching Vacancy in Selected Teaching Field，by The School's Reported Level of Difficulty in Filling The Vacancy, Teaching Field, and locale：2011-12［EB/OL］．（2017-10-27）［2021-03-05］．https：//nces．ed．gov/surveys/ruraled/tables/ c. 1.c. -1.asp?refer=urban.

［31］Walsh. K, Wilcox. D, et al. Attracting, Developing and Retaining Effective Teachers：Background Report for the United States［EB/OL］．（2017-10-23）［2021-03-05］．http：//www.oecd.org/innovation/research/33947533.pdf.

［32］Westbury I, Hansém, Sven-Erik, Kansanen P, et al. Teacher Education for Research-based Practice in Expanded Roles：Finland's Experience［J］．

Scandinavian Journal of Educational Research, 2005, 49（5）.

［33］日本文部省. 教育基本法（第十三条）［EB/OL］.（2019-07-18）［2019-11-11］. http：//www. mext. go. jp/b_menu/houan/ am/060427l2/003.htm.

［34］斉藤泰雄. へき地教育振興のための政策と取り組み：日本の経験［J］. 国際 教育協力論集, 2004（7）.